CB140306

onde canta o sabiá

Copyright © 2022 por Lura Editorial
Todos os direitos reservados.

Gerente Editorial
Roger Conovalov

Preparação
Andressa Assone Rodrigues

Diagramação e Capa
Lura Editorial

Tradução para língua inglesa
LSB Traduções

Revisão
Alessandro de Paula
Carla Romanelli

Impressão
Vozes

DADOS INTERNACIONAIS DE CATALOGAÇÃO NA PUBLICAÇÃO (CIP)
(Câmara Brasileira do Livro, SP, Brasil)

Onde canta o sabiá : antologia / organização Lura Editorial. -- 1. ed. -- São Caetano do Sul, SP : Lura Editorial, 2022.
272 p.

Vários autores
ISBN 978-65-84547-92-6

1. Antologia 2. Poesia brasileira I. Editorial, Lura.

CDD: 869.108

1. Poesia : Antologia : Literatura brasileira
869.108

[2022]
LURA PUBLISHING LLC
230 Sunport Lane Unit 500 Office 108
Orlando Flórida - 32809
www.luraeditorial.com.br

onde canta o sabiá

antologia de poesias

EDIÇÃO BILÍNGUE PORTUGUÊS-INGLÊS

organização de

Lura Publishing

Minha terra tem palmeiras
Onde canta o sabiá.
As aves que aqui gorjeiam
Não gorjeiam como lá.

Nosso céu tem mais estrelas,
Nossas várzeas têm mais flores.
Nossos bosques têm mais vida,
Nossa vida mais amores.

Trecho do poema Canção do Exílio

- Gonçalves Dias

My land has palm trees
Where the sabiá* sings.
The birds that sing here
Do not sing as they do there.

Our skies have more stars,
Our valleys have more flowers.
Our forests have more life,
Our lives have more love.

Excerpt from the poem Song of Exile

– Gonçalves Dias

*Sabiá is a bird common in Brazil and South America, which can be found in North America as well, that is usually known as thrush-song in other countries.

SUMÁRIO

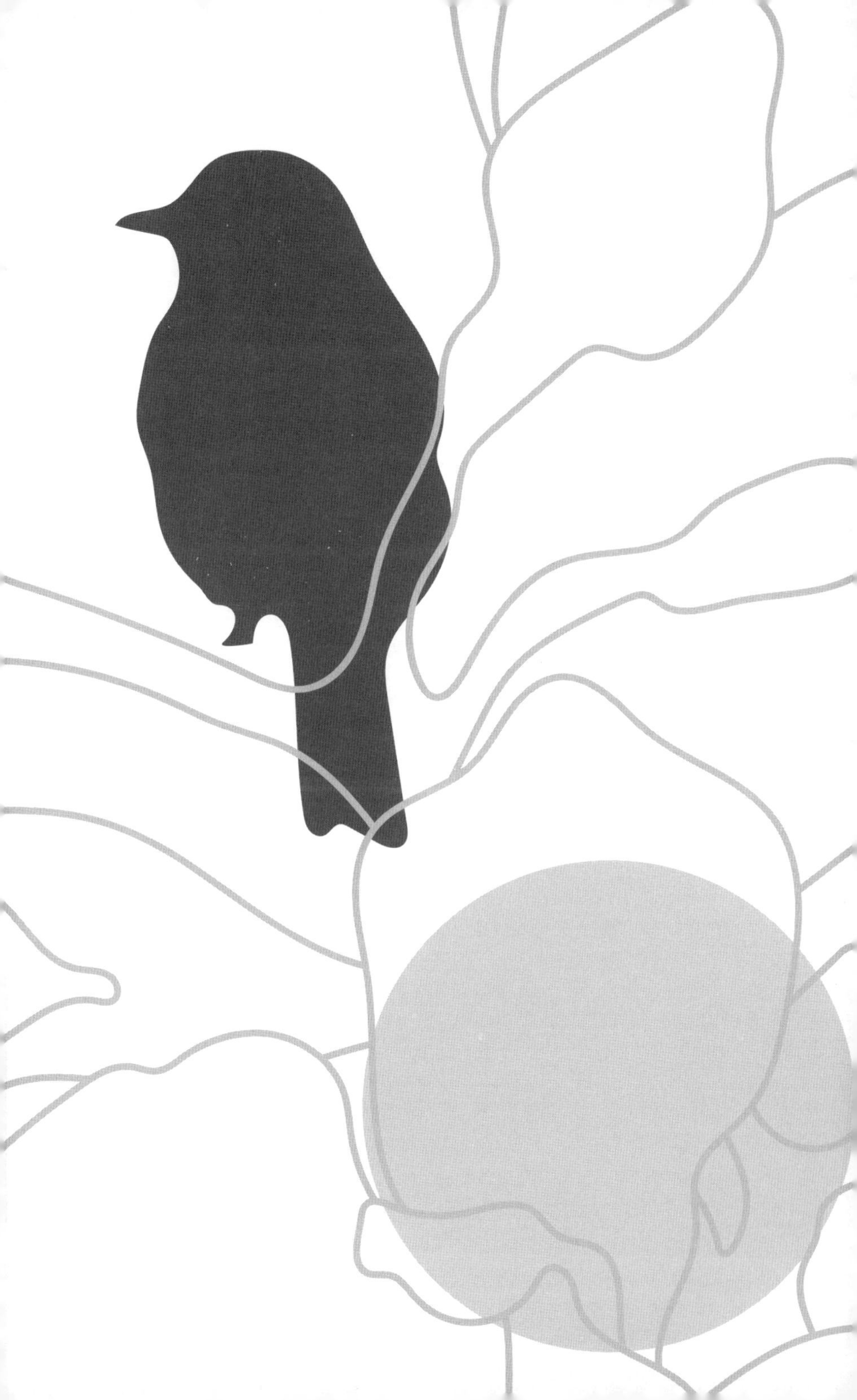

SAUDADE

Adecir das Chagas Gomes

Saudade do bom tempo,
Relembrando boa amizade;
Em cada sorriso e abraço,
De um amigo de verdade.

Dores que doem,
Saudades que corroem;
Nas ondas de lágrimas,
O amor em brasas.

Tão longe de mim,
A saudade é assim;
Chorando no caminho,
Retornando ao ninho.

LONGING

I miss the good times,
Remembering good friendship
In every smile and hug
From a real friend.

Pains that hurt,
Longing that corrodes
In the waves of tears,
Love on fire.

So far away from me,
Longing is like that;
Crying on the way,
Returning to the nest.

A SAUDADE É PLENO OCEANO

Adriana Camarão

Logo quando acordo
Penso novamente quando vou te ver
Estou a bordo
Navegando rumo a encontrar você.

A saudade é pleno oceano
Meu coração não é cigano
Tenho tantos planos
Para o nosso futuro.

Sei que és meu porto seguro
Apenas deixe-me provar
Que este mar
Não irá nos afastar.

YEARNING IS FULL OCEAN

As soon as I wake up,
I think again when will I see you
I am on board
Navigating to find you.

Yearning is full ocean
My heart is not gypsy
I have so many plans
For our future.

I know you are my safe haven
Just let me taste
That this sea
Will not keep us away.

O CANTO DO SABIÁ

Adriana Ranzani

Sou a Amazônia,
Mãe flora e fauna,
Cheia de cantos e encantos,
Mítica por natureza,
Floresta amada e biodiversa,
Onde canta o sabiá.

Sou um verde vasto mundo,
Que sangra pela cobiça,
Desmatamentos e queimadas,
Da ação antrópica,
Do homem cego e insensível,
Onde chora o sabiá.

Sou um pedido de socorro,
Que ecoa no ar,
Sinto a dor e a saudade,
De uma floresta que chora,
Por cada irmã sepultada,
Onde não canta mais o sabiá.

THE SONG OF THE SABIÁ

I am Amazon,
Mother flora and fauna,
Full of songs and allure,
Mythical by nature,
Beloved and biodiverse forest,
Where the sabiá sings.

I am a vast green world
That bleeds from greed,
Deforestation and fires,
By anthropic action
Of the blind and heartless man,
Where the sabiá cries.

I am a cry for help,
That echoes in the air,
I feel pain and I miss
A forest that cries
For every sister buried,
Where the sabiá no longer sings.

TIMBREÁ

Adriell Fonsêca Santos

A cor que embala o ritmo das árvores
do vento,
do tempo,
do chão
cada nota forte bem executada
na pauta da paixão

A cor que seduz e atrai o amor
conduz os casais
toda extensão
que sabor!
cor escura... calor
um prazer... sem dor

A cor que imita dezenas de aves
mas única como o leito dos mares
se projeta nos ares
nos ouvidos... nos andares
nos caminhos... nos altares

TIMBRE

The color that rocks the rhythm of the trees,
The wind,
The weather,
The ground,
Every strong note well played
On the passion agenda.

The color that seduces and attracts love
Leads couples
Entirely
What a flavor!
Dark color...warmth
A pleasure... no pain.

The color that imitates dozens of birds,
But it is unique as the seabed
And projects itself in the air
In the ears... in the floors
In the paths... in the altars.

TOPOANÁLISE

Airton Baquit

Toda manhã
Era uma espécie de recomeço
De esperança no peito
E sustança n'alma

O despertador, os passos, o café
E o beijo de despedida
Acompanhado do lembrete diário
não esqueça de ferver o leite

Era manto, acalanto, fortaleza

Carros, bicicletas, motos, carroças, buzinas
E a voz do Pereira a ecoar ladeira abaixo:
Olha a tapioooca, olha a tapioooca
Tudo tão distante, tudo tão presente

A praça, a janela, a biblioteca
Os vizinhos, o escritório, a fábrica
A esquina, o portão, o prédio
E o código de nossas lembranças mais robustas
Rua Clarindo de Queiroz, 180, apartamento 202, Centro

Mora ali nossa saudade

TOPOANALYSIS

Every morning,
It was like a fresh start,
Hope in the chest
And sustenance in the soul.

The alarm clock, the steps, the coffee
And the goodbye kiss
Accompanied by daily reminder
Do not forget to boil the milk

It was mantle, lullaby, fortress.

Cars, bicycles, motorcycles, carts, horns
And Pereira's voice echoing downhill:
Come buy tapioooca[*]*, come buy* tapioooca
All so distant, all so present.

The square, the window, the library
The neighbors, the office, the factory
The corner, the gate, the building
And the code of our strongest memories
180 Clarindo de Queiroz Street, Apartment 202, Downtown

Longing lives in there.

* Tapioca is a starch extracted from the storage roots of the cassava plant.

ABRAÇOS NO TEMPO

Aldair Ribeiro dos Santos

As horas passam diferente do tempo
Abraços firmes, agora lassos, desenlaçam
Não tinha tempo sem saber que o tempo o tinha
Distância
Suspensa a vida sem saber
Descansa ou cansa de suspender
Mórbidos pensamentos
Abraços
Pensam que pensam em lamentos
No dia a dia no passar dos instantes
Almeja certa utopia de ser como antes
A imensidão da distância entre nós
Grita pelo abraço
Pandemia
O rosto, oculto mútuo, clama o vislumbre da face murcha
Desenhada em sorriso frágil
Sente saudades

De um abraço

HUGS IN TIME

Hours go by different from time
Firm hugs, now loose, unravel
I had no time without knowing that time had you
Distance
Suspend life without knowing
Rest or get tired of suspending
Morbid thoughts
Hugs
Think they think of regrets
Every day, in the passing of moments
Crave a certain utopia of being like before
The immensity of the distance between us
Shout for the hug
Pandemic
The face, hidden from each other, claims the glimpse of a withered face
Drawn in fragile smile
Miss

A hug.

LÁGRIMAS DA MEMÓRIA

Aldair Ribeiro dos Santos

A saudade dilui-se no mar da alma
Destilando orvalho no jardim da dor
Reconstrói o sofrer da lembrança distante
Desenha flores roxas na neblina
Enquanto chora a memória flor

A saudade banha-se nas faces do luar
Reluz no olhar da imensidão
Como folhas soltas ao vento
Qual encantos de lágrimas errantes

A saudade escancara gritos surdos
Agrilhoa sentimentos intocáveis
Qual imagens etéreas presas no vento
Esvoaçando na viagem do sonhar

A saudade corre em trilhas escuras
Pelas frestas de muralhas de orquídeas
Expulsa calmarias repentinas
Em lúcidos devaneios do olhar:

Brinda o ocaso da existência

MEMORY'S TEARS

Nostalgia dissolves in the sea of the soul,
Distilling dew in the garden of pain.
It rebuilds the suffering of distant memory,
Draws purple flowers in the mist,
While cries for the flower memory.

Nostalgia bathes in the moonlight faces,
Shines in the eyes of immensity,
As loose leaves in the wind
Like enchantments of wandering tears.

Nostalgia screams deaf
Fetters untouchable feelings
As ethereal images caught in the wind
Flying on the dream trip.

Nostalgia runs on dark tracks
Through the narrows in the orchid walls
Expels sudden lulls
In lucid gaze reverie:

Toasts the sunset of existence.

EQUINÓCIO

Álvaro Smont

O gorjeio do pássaro ecoa na botânica
sobre o r(ar)efeito, em azimute,
o raio de sol sobre as pétalas
desabrochadas no crepúsculo.

As folhas balouçam
no ritmo assimétrico
conduzidas pelo leve sopro
da manhã serena.

os campos exibem
a flora em aquarela
no manto policromo.
Perfumam e denotam
o renascer do novo ciclo.

panapaná azul:
nuvens ambulantes,
o fenômeno doble
– estação primavera.

EQUINOX

The bird's chirp echoes in botany
About r(are)fied, in azimuth,
The sunbeam on the petals
That bloom in the twilight.

The leaves sway
In an asymmetrical rhythm,
Led by the light breath
Of the serene morning.

The fields display
The watercolor flora
In the polychrome mantle.
They perfume and denote
The rebirth of a new cycle.

A flight of blue butterflies:
Walking clouds,
The double phenomenon
- spring season.

CANÇÃO ÀS MATAS

Amalri Nascimento

atearam fogo
às palmeiras da minha terra,
onde cantava o sabiá.

as aves que aqui ainda gorjeiam,
não gorjeiam como antes.
saudade de ouvir aquele canto.

nosso céu ainda cintila estrelas,
nossas várzeas estão escassas de flores,
nossos bosques escassos de vida,
nossa vida menos amores.

minha terra tinha primores,
cujas belezas não vislumbro mais;
sob o pálio escuro da noite,
sinto falta do sabiá.

não permita Deus que eu morra,
sem que eu ouça novos cantares;
sem que desfrute os primores de outrora,
sem que ainda aviste novas palmeiras,
onde cantem novos sabiás.

SONG TO THE FORESTS

They set fire
To the palm trees of my land,
Where the sabiá sang.

The birds that still sing here,
They do not sing like they used to.
I miss hearing that song.

Our sky still twinkles with stars,
Our valleys are scarce of flowers,
Our forests are scarce of life,
Our life has less love.

My land had wonders,
Whose beauties I no longer see;
Under the dark canopy of night,
I miss the sabiá.

May God never allow me to die
Without me hearing new songs,
Without enjoying the splendors of another time,
Without even seeing new palm trees,
Where new sabiás sing.

SAUDADE

Anamar Quintana

Saudade, palavra linda
Inventada para dizer
Eu te amei, te amo ainda
Sempre hei de te querer.

Saudade nem é preciso
Perguntar de onde vem.
Basta lembrar o sorriso
E os olhos do meu bem.

Eu te perdi, meu amor,
Ainda não entendi porquê.
E tudo o que hoje sinto
É saudade de você.

Mas o que seria do poeta,
Se a saudade não existisse
Nossas canções de amor
Não seriam assim belas

Tão cheias de sentimentos
Com lembranças, versos e rimas
Em nossa vida a saudade
Também é um grande momento.

YEARNING

Yearning, beautiful word
Invented to say
I loved you, I still love you
I will always want you.

Yearning, no need to
Ask where it comes from.
Just remember the smile
And the eyes of my love.

I lost you, my love,
I still do not understand why.
And everything I feel today
Is yearning for you.

But what would become of the poet,
If yearning did not exist,
Our love songs
Would not be so beautiful.

So full of feelings,
With memories, verses and rhymes
In our life, yearning
Is also a great time.

ACONCHEGO

André Santos Silva

Quero uma casa no campo
para que eu possa respirar
o ar puro com cheiro de mato verde
e, simplesmente, a beleza contemplar.

Quero uma casa no campo,
não para fugir da cidade,
talvez para arejar as ideias
e planejar a felicidade.

Quero sentir a água do rio
que passa pertinho de casa,
correr descalço livremente
sentindo o calor da estrada.

Sentir a brisa que passa,
ver a montanha ao longe,
colher flores perto de casa,
e viver o silêncio dos monges.

Quero uma casa no campo
simplesinha, com ar de bom lugar,
ver, pela manhã, o sol que nasce
e, à noite, a lua a brilhar.

COZINESS

I want a country house,
So I can breathe
The fresh air with the smell of green bush
And, simply, the beauty to contemplate.

I want a country house,
Not to run away from the city,
Maybe to clear my mind
And plan happiness.

I want to feel the river water
That passes close to home,
Run barefoot freely
Feel the heat of the road.

Feel the breeze passing by,
See the distant mountain,
Pick flowers near home,
And live the monks' silence.

I want a simple country house,
Looking like a good place
And see, in the morning, the sun that rises
And, at night, the moon that shines.

SAUDADES ABAFADAS

Angela Schettini

Os amados se foram e não voltaram.
Os rostos mais queridos
agora são imagens esmaecidas
nas lembranças desta vida.
Navios indo do cais.

Marcas cicatrizadas
de uma infância em liberdade
da mocidade vencida,
do cheiro de uma comida,
da paz de poder dormir.

Não há amenidades
que curem essas saudades.
Lágrimas despontam nos olhos.
Um grande vácuo dentro do peito,
coração com defeito.

Saudades até do tempo
em que não sentia saudades.
Apenas sentava na varanda e
ouvia do lado de lá
o canto do sabiá.

STIFLING FEELING

The loved ones left and did not return.
The dearest faces
Are now faded images
In the memories of this life.
Ships going from the pier.

Healed scars
Of a childhood in freedom
Of a vanquished youth,
Of the smell of food,
Of the peace of being able to sleep.

There are no amenities
That heal this feeling.
Tears fall from the eyes,
A big vacuum inside the chest,
A defective heart.

I miss the time
When I did not miss anything.
I just sat on the porch and
I heard from there
The sabiá sing.

AMOR INOCENTE

Ângela Maria de Souza Silva

Um dia a menina cresce
E as brincadeiras de criança desaparecem
E o inesperado acontece
Ela olha para fora do ônibus
E um frio na barriga ela sente
E quando os olhos se encontram
Ela percebe que é diferente
Nascia um amor de adolescente
E quando os lábios se encontraram
Ela pensou que era para sempre
Mas quando veio o vento forte
Naquela noite de outono
Com seus longos cabelos castanhos
Virou as costas e saiu andando
E o que ficaria na memória
Que era para sempre
Era só um amor inocente

INNOCENT LOVE

One day the girl grows up
And child's play disappears
And the unexpected happens
She looks out of the bus
And butterflies in her stomach she feels
And when eyes meet
She realizes it is different
A teenage love was born
And when lips met
She thought it was forever
But when the strong wind came
In that autumn night,
With her long brown hair,
She turned her back and walked away,
And what would stay in memory,
Which was forever,
Was just an innocent love story.

OS EFEITOS DO CANTO DO SABIÁ

Angelita Gomes Fontenele Rodrigues da Cunha

Eu era menina, mas me lembro ainda
Do canto do sabiá
Que anunciava um despertar
De vida de fé e de aprender a amar
Minha avó ensinava
Que o sabiá vive a rezar
E que é bom escutá-lo
Para a paz encontrar
Gosto das lembranças do rio Jacareí
Lá onde canta o sabiá
Enquanto as crianças estão a se banhar
Eu sentia em seu canto
Que o amor ele trazia
O que posso testemunhar
Com emoções vividas
E com lutas e crenças
Que movem o meu andar
Comprovando o encanto
Da poesia de minha infância
E os efeitos do canto do sabiá.

THE EFFECTS OF THE SONG OF THE SABIÁ

I was a girl, but I still remember
The song of the sabiá
That heralded an awakening
Of a life of faith and of learning to love.
My grandmother taught me
That the sabiá lives by praying
And it is good to hear it
To find peace.
I like the memories of the Jacareí river
There where the sabiá sings
While children are bathing
I felt in its singing
That love it does bring,
What I can witness
With lived emotions
And with struggles and beliefs
That move my path,
Proving the charm
Of the poetry of my childhood
And the effects of the song of the sabiá.

TROVADOR ENCANTADO

Anne Cavalcante

Refulgi aveludada melodia ao despertar e romper da alva.
Reverbera a harmonia do artífice da canção.
Tuas notas entoadas descem logo ao coração.
Brotando um sorriso no semblante endurecido pela cruel desilusão.

O teu canto voa longe no azul da imensidão.
Fazendo florescer o ermo desolado – filho da ingratidão.
Ao cessar da tua lida, não se deixa por vencido.
Altivo e aguerrido p'ra cumprir sua missão.
Teu cantar precioso, há quem queira arrebatar,
Mas, valente, se defende – não se deixa aprisionar.

Onde cantas, sabiá, trovador encantado?
Não abandones a bucólica devastada pela selva petrificada
Construída com a prata, da impiedosa vil ganância,
Dos que sempre querem mais.

Te procuro avidamente, não me deixas definhar.
Ó robusto audaz dos céus, onde estás a cantar?
Faz em minha alma teu ninho,
Para que a alegria outrora cerceada volte em mim morar.
Não me deixes à penumbra, traz a aurora ao meu viver.
Brotando em mim a esperança que um dia deixei morrer.

ENCHANTED TROUBADOUR

Velvety melody shimmers at awakening and dawn.
Reverberates the songwriter's harmony.
Your chanted notes immediately go to the heart.
Bringing a smile to a face rigid by cruel disillusionment.

Your song flies far into the blue of immensity.
Making the desolate wilderness flourish – child of ingratitude.
When you stop fighting, you do not give up.
Proud and fierce to accomplish your mission.
Your precious singing, there are those who want to snatch,
But, brave, defend yourself and do not let yourself be imprisoned.

Where are you singing, sabiá, enchanted troubadour?
Do not abandon the bucolic devastated by the petrified jungle
Built with silver of merciless vile greed
Of those who always want more.

I seek you eagerly, do not let me wither.
Robust audacious of the skies, where are you singing?
Make your nest in my soul,
So that the joy that was once gone may return to dwell in me.
Do not leave me in the shadows, bring the dawn to my life.
Blooming in me the hope that I once let die.

LUZES

Antonio Augusto Teixeira Pinto de Moraes

Luzes que vêm em minha vida assim...
Fachos de luz na estrada e solidão,
Flash de amigos, amores, pais, irmãos...
Luzes de sonhos, de vidas, enfim!

Cortam o espaço infindo em minha mente,
Saltam dos meus olhos à minha frente
E alumbram a estrada do meu porvir,
Do passado a um futuro que devo ir...

Eu tento ser bom, mas nem sempre sou,
Tento ser forte e às vezes sou fraco,
Tento ser tudo e às vezes sou nada...

Mas amo a mim mesmo e aquilo que sou;
E creio em Deus, que me fez forte e fraco...
Quero paz, amor, ser feliz, mais nada!

LIGHTS

Lights that come into my life this way...
Beams of light on the road of loneliness,
Flash of friends, loves, parents, brothers...
Lights of dreams, of lives, anyway!

They cross the endless space in my mind,
Come out of my eyes like waves of wind
And so light up the road for the time to come,
From the past to a future that may be lightsome...

I try to be good but I'm not in some ways,
I try to be strong and sometimes I'm weak,
I try to be everything and sometimes I'm nothing...

But I love myself and what I am someways;
And I believe in God who made me strong, weak...
I just want peace, love, happiness... and nothing else!

A CASA VELHA

Antônio Carlos Alvim

na estiva de horizontes
sem idade
teço noites em luta repentina
não acertando o prumo
na primeira margem
ajustando desaparecidos
cais sem rima

o sabiá anuncia:
toda casa envelhece com seus donos

paredes, venezianas, taco, sótão

vem tempo, passa tempo
vão-se os homens, os donos mudam
e mudam-se os nomes

e assim no tempo a casa sobrevive

mas ela também morre:
telhas quebram, portas empenam
janelas não fecham e mesmo o piso
range velho como joelhos
de um tempo
        que não dobra

THE OLD HOUSE

In the stowage of horizons,
Ageless,
I weave nights in sudden struggle,
Not hitting the plumb
On the first riverside,
Adjusting the missing persons,
Pier without rhyme.

The sabiá announces
That every house grows old with its owners

Walls, shutters, taco, attic

Time comes, time goes
The men go, the owners change
And the names change

And so, in time the house survives

But she also dies;
Tiles break, doors warp
Windows do not close and even the floor
Old creaks like knees
Of a time
        that does not bend

SILÊNCIO

Antônio Carlos Martins Alvim

Maria
é um purgatório de beleza
meu coração é um arsenal de pavores
não receio a morte
a vida me dá luto

enquanto o pássaro canta
só quero um certo silêncio:
o silêncio esmaecido dos casarões
                                        desabitados

o silêncio em ruínas dos monumentos
                                        alcantarenses

o silêncio
melodiosamente barroco
    das igrejas de São Luís

o silêncio dos calados
que tudo falam
na impaciência
das línguas imóveis

SILENCE

Maria
is a purgatory of beauty
my heart Is an arsenal of horrors
I'm not afraid of death
life gives me grief

while the bird sings
I look for a certain silence:
the faded silence of uninhabited
manors

the silence in ruins of the Alcântara
monuments

the melodious
and baroque silence
of the churches of São Luís

the silence of the voiceless
that say It all
in the eagerness
of motionless languages

ONDE CANTA O SABIÁ?

Armandina Modesto

O sabiá canta e me encanta.
O seu canto é magia pura.
Quem já ouviu lembrará.
Como canta o Sabiá!
Final de tarde ensolarado,
Numa árvore ao lado.
Cantava e encantava o Sabiá.
Deitada numa rede,
Por ele procurava sem parar.
Por onde anda esse Sabiá?
Apenas ouço o seu cantar.
Busco e procuro encontrar...
Onde Canta esse Sabiá?
Ainda busco por ele nesta rede.
Ah!!! Consigo encontrar... e olha
Lá estava ele a me observar.
Com sorriso nos lábios eu...
Me encanto com seu canto é
Como é lindo o canto do lindo Sabiá!

WHERE DOES THE SABIÁ SING?

The sabiá sings and I love it.
Its song is pure magic,
Whoever heard it will remember
How the sabiá sings!
Sunny late afternoon,
In a tree beside,
The sabiá sang and enchanted.
Lying in a hammock,
For it I searched endlessly.
Where has this sabiá been?
I just hear its singing.
I look and seek to find...
Where is this sabiá singing?
I am still looking for it on this hammock.
Oh!!! I can find it... and look,
There it was watching me.
With a smile on my face, I...
I am enchanted by its song,
How beautiful is the song of the beautiful sabiá!

RESTAURAÇÃO

Axé Silva

Tecer a alma
Ao nascer de cada manhã
Respeitar a língua das infinitas e infindas naturezas à minha volta:
Tocar com ternura e sentir a textura do solo
Essas minhas mãos que afagam a terra e o alimento ainda em gestação.
E o que dizer do fogo, companheiro que aquece, aguça
e atrai meus olhares num misto de sedução e medo?
O sol, com seus raios, testemunha tudo em seu aparente caminhar.
E com o ar, amigo involuntário, dele me alimento e me embriago.
Quando triste, respiro profundamente, por muitas e tantas vezes
Até chegar o momento de sentir meu corpo levitar
É uma forma de amenizar os amargos cotidianos
Verdadeiras chagas que não vão.

Sou uma mulher comum, em nada me destaco
Sei, com algum sofrimento e não menos, com certa tristeza,
Que nasci só e partirei só.
A jornada até aqui também não foi diferente.
O conforto vem da capacidade de sonhar toda a noite
Essa eu não perdi.
Dentro de cada morte noturna há um pulsar de imagens e sensações etéreas
Já fui tudo e todos dentro de cada um deles
Sinto que o tempo de viver
Não é o mesmo tempo de existir
Que na vida não há excitação ou medo.
Há excitação e medo.

RESTORATION

Weaving the soul
At the sunrise of each morning
Respecting the language of the infinite and endless natures around me:
Touching gently and feeling the texture of the ground
These hands of mine that caress the earth and the food still in gestation.
And what to say about the fire, companion that warms, sharpens and attracts my eyes in a mixture of seduction and fear?
The sun, with its rays, witnesses everything in its apparent walk.
And from the air, involuntary friend, I eat and drink.
When I am sad, I take a deep breath, over and over again
Until the time comes when I feel my body levitate
It is a way to ease the daily bitterness.
True wounds that will not go away.

I am an ordinary woman, I do not stand out in anything
I know, with some suffering and no less, with some sadness,
That I was born alone and I will die alone.
The journey here was no different either.
Comfort comes from the ability to dream all night
This one I did not miss.
Within each nocturnal death is a pulse of ethereal images and sensations
I have been everything and everyone inside each of them
I feel the time to live
Is not the same time to exist
That in life there is no excitement or fear,
There is excitement and fear.

EU POETA

Bárbara Daniane

Eu canto porque o canto existe
Não sou alegre nem triste
Não tenho cheiro nem catinga
Me anima uma boa pinga

Não amo nem aborreço
Só quero o que eu mereço
E o que eu te ofereço
Não tem preço

Porque sou poeta

I POET

I sing because singing exists,
I am neither happy nor sad,
I am not good, but not bad either,
A good liquor cheers me up.

I neither love nor hate,
I just want what I deserve
And what I offer you
Is priceless,

Because I am a poet.

DOCE INFÂNCIA

Bernardete Lurdes Krindges

Ah! Como era doce a minha inocente infância
Infância que hoje já não se tem igual
Uma boneca bastava para ser feliz
Uma liberdade não temida
Daquela pequena Itá, cidade Natal
Onde meu único medo era a escuridão.
Lembro de uma leveza na alma
Um sorriso fácil por trás de um rosto tímido
Correr solta pelos lugares sem temer nada
Apanhar as goiabas, figos e jabuticabas
Fresquinhas no pé, eu e meus irmãos.
Lembro-me das margaridas do jardim
Do vestido pink, das franjas cortadas no meio da testa
Lembro-me da incansável espera pelo Natal
Sempre preparado com carinho pela nossa guerreira mãe.
Nossos pais na missa de Natal nos levavam
E após na praça da cidade esperar pelas balas do papai-noel
E no dia do Natal ser surpreendido pelos poucos
Chocolates de um gosto inesquecível que deixaram
Mais doce a nossa infância.

SWEET CHILDHOOD

Oh, how sweet my innocent childhood was
Childhood that is no longer the same
A doll was enough to be happy
A freedom not feared
From that little Itá, hometown
Where my only fear was the darkness.
I remember a lightness in the soul
An easy smile behind a shy face
Run free through the places without fearing anything
Picking guavas, figs and jabuticabas*
Fresh from the tree, me and my siblings.
I remember the daisies in the garden
The pink dress, the curtain bangs cut in the middle of the forehead
I remember the restless wait for Christmas
Always organized with affection for our warrior mother.
Our parents at Christmas mass took us,
And after in the town square wait for Santa's candies
And on Christmas Day to be surprised by the few
Chocolates with an unforgettable taste that made
Our childhood sweeter.

---

* Jabuticaba is a thick-skinned berry and typically measures 3–4 cm in diameter. The fruit resembles a slip-skin grape.

CANORAS

Caren Borges

O bem-estar me habita
nas entrelinhas, no inaudito.
Em sutilezas sensoriais
e no olhar profundo, outroro-me.
Desnudo...

Rendida ao recôncavo do abraço
No olhar curioso pela fenda
Lá, onde a melodia do vento contorce pedras
D´onde o beijo suplanta mundos
Evoco-me.

Cantar é impossível sem amar
A voz desafina, os pés solitários gelam,
o cerne endurece, amarga a cama.

Não há sabiá em mentes vãs
Nem em corações enferrujados
Tampouco em pessimistas cósmicos
Cantarolar só pluma bem em corpos sem segredos,
em almas corajosas de mergulhos.

SONGBIRDS

Well-being lives in me
between the lines, in the unheard of.
In sensorial subtleties
and in the deep look of yore,
Naked...

Surrendered to the deep embrace,
In the curious gaze through the gap,
There, where the melody of the wind twists stones,
From where the kiss supplants worlds,
I evoke myself.

Singing is impossible without loving.
The voice is out of tune, the lonely feet freeze,
the core hardens, embittering the bed.

There is no sabiá in vain minds,
Nor in rusty hearts,
Nor in cosmic pessimists.
Humming only feather well in bodies without secrets,
in brave souls of dives.

O CHEIRO DA SAUDADE

Carlos A. Aniceto

Quem sabe a saudade não seja apenas um simples sentimento?
Pois ela teima em não querer ir embora do nosso pensamento
Quem sabe a saudade seja como uma colcha de remendos
De belos momentos que durante as nossas vidas vivemos

Quem sabe a saudade não tenha cheiro, por isso não a esquecemos?
Cheiro do café fresco, ou da chuva sobre a poeira dos terrenos
Odores que as vezes doem na alma, deixando-nos em fragmentos
Pois sabemos que para aquele tempo nunca mais voltaremos

THE SMELL OF NOSTALGIA

Maybe nostalgia is just a simple feeling?
Because it insists on not wanting to leave our thoughts.
Maybe nostalgia is like a patchwork quilt
Of beautiful moments that throughout our lives we live.

Maybe nostalgia does not have a scent, so we do not forget it?
Smell of fresh coffee, or rain on the dust of the grounds
Odors that sometimes hurt the soul, leaving us in fragments
Because we know that we will never go back to that time.

DA SAUDADE

CARLOS DANIEL DOJJA

Saudade, quando me vinhas,
E deixava-me ir em tua andança,
Como fração recoberta em tua essência.

Saudade, quando a brisa te tocava,
E era como se fosse o sentir brotado,
De minhas palavras, acariciando tua face.

Saudade, porque me deixaste um olhar,
Quando havia sombritude e ainda vagava,
E na quietude foste lendo minha alma.

Saudade, quando só sei querer-te,
E desperto com minha pele,
Revestida com a memória de tuas mãos.

MISSING IT

I miss when you came
And let me go with you,
As a fraction covered in your essence.

I miss when the breeze touched you,
And it was like feeling it sprouted
Of my words, caressing your face.

I miss you because you left me a look
When there was gloom and still wandered,
And in the stillness, you were reading my soul.

I miss when I only knew how to want you,
And wake up with my skin
Coated with the memory of your hands.

CANÇÃO CIBERNÉTICA

Cecília Torres

Minha terra tem palmeiras que o fogo queimou
O sabiá, coitado: cantou, voou, se escondeu
O cidadão: vacilou, viralizou e por fim vacinou
Nosso céu está mais cinza e a floresta um breu

A comida do cachorro é também boa para o povo
Se cismar sozinho à noite, cuidado com o roubo
Se descobrir mais amores que não sejam virtuais
Os prazeres nesta vida não parecem tão normais

Nessa canção cibernética, o que vale é a conexão
A gasolina virou ouro e o povo sofrido repartiu o pão
As aves que aqui gorjeavam; cansaram e partiram para lá
Não permita Deus que eu morra sem visitar o Canadá

CYBERNETIC SONG

My land has palm trees that the fire has burned
The sabiá, poor dear, sang, flew, and hid.
The citizen faltered, went viral and finally got vaccinated
Our sky is grayer and the forest is blacker.

Dog food is also good for the people.
If you dream alone at night, beware of theft
If you discover more loves that are not virtual,
The pleasures in this life do not seem so normal.

In this cybernetic song, what counts is the connection
Gasoline turned to gold, and the suffering people shared the bread
The birds that chirped here got tired and left,
May God never allow me to die without visiting Canada.

GARRINCHA

Cláudio Almeida

Lá no meu cantinho de quintal
Voa a imaginação nos tempos de menino
Saltitando entre o orvalho matinal
Bichinho tão leve e pequenino

No frescor das folhas se esconde a lembrança
Pintada em papel seda transparente
Salpicado com o puro verde da pujança

Coisinha graciosa cantarola e festeja
O raiar do dia, na labuta e emoção
Vestida num castanho que lampeja
Alegrando o sofrido coração

Pequenina traz no novo dia, doce aconchego
E a esperança de vê-la novamente
Serzinho sagrado, de suave desapego

WREN

There in my backyard spot
Imagination soars in boyhood times
Hopping through the morning dew
So light and tiny animal

In the freshness of the leaves, the memory is hidden
Painted on transparent tissue paper
Splashed with the pure green of vigor

Gracious little thing hums and celebrates
The daybreak in toil and emotion
Dressed in brown that flashes
Cheering the suffering heart

Little one brings in the new day sweet coziness
And hope to see you again
Sacred little being, of gentle detachment

DESPEDIDA

Cristina Matias

A viagem muda a paisagem
Na estrada que conheço, desoriento
Nas bordas e franjas do caminho,
meu olhar balança do horizonte
para o que está dentro

Entre afetos e lugares,
apago sentimentos e paisagens
guardo gestos e olhares
e sempre volto para mim

Em noites escuras
espero que a lua quarto crescente apareça
e deixe visível a porção iluminada de mim

Apresso a viagem
para me encontrar de novo

FAREWELL

The travel changes the landscape.
On the road I know, I feel disoriented
On the edges and fringes of the path,
My gaze sways from the horizon
For what is inside.

Between affections and places,
I erase feelings and landscapes,
I keep gestures and looks
And always return to myself.

On dark nights,
I hope the first quarter moon appears
And makes visible the illuminated portion of me

I hasten the journey
Again and find myself.

TEUS CABELOS BRANCOS

Daniella Umbelino

vejo em minha vó
traços que me pertencem, que foram herdados de forma inata
ela, que traz um ar de sabedoria
ela, que traz no nome uma representatividade
Maria
que se tornou de aço para suportar as mazelas da vida
que sozinha enfrentou tantas coisas das quais só ouvi fragmentos
que foi silenciada, subjugada
que abdicou de um amor por amar demais os filhos
ah se eu soubesse antes
que crescer seria tão doloroso
teria desejado não sair de perto do meu porto seguro
teria ouvido tua risada mais uma vez, teria te abraçado bem forte
teria apreciado de forma mais intensa tua força perspicaz
Maria
tu sentias o mundo com profundidade
hoje, é ele que te sente, te acolhe e te recebe por inteira.

YOUR WHITE HAIR

I see in my grandmother
Traits that belong to me, that were innately inherited
She, who brings an air of wisdom
She, who brings in her name a representativeness
Maria,
Who became steel to bear the ills of life,
Who alone faced so many things of which I only heard fragments,
Who was silenced, subdued,
Who gave up a love for loving too much her children.
Oh, if I only knew
That growing up would be so painful
I would have wished not to leave my safe haven
I would have heard her laugh one more time, I would have held her tight
I would have more intensely appreciated her discerning strength
Maria,
You felt the world with depth
Today, it who feels you, welcomes you and receives you completely.

PONTE PARA O REENCONTRO, PORTAL PARA O INESQUECÍVEL

Débora Torres

A dor que na saudade habita
Floresce do amor que fica
Por alguém, que não mais se faz presente
Pelo momento, vivido em tempos pretéritos

Senti tocar na alma um delicado prisma
Como se a revoar sobre alvas flores
Tal qual um translúcido e incorpóreo beija-flor
Quem sois? Perguntei mentalmente
Sois tua saudade. Retumbou com devoção

Não me sinta com a transfiguração da dor
Me aceite pela purificação do amor
Pois trago o que anseia teu coração
Suplicou-me com fervor

Ah, minha saudade!
Transmutada em arco-íris de saudosos prismas
És ponte para o reencontro de corações
Portal para momentos reviver

E o pêndulo difusor dos tempos agora voa
Sem amargar a doce alegria ou chorar o coração
Acalanta-me no erguer e abrir das emoções

BRIDGE TO THE REUNION, PORTAL TO THE UNFORGETTABLE

The pain that dwells in the longing
Blooms from the love that remains
For someone who is no longer present,
For the moment, lived in past times.

I felt a delicate prism touch my soul
As if flying over white flowers
Like a translucent and disembodied hummingbird.
Who are you? I asked mentally
You are your longing, resounded with devotion.

Do not feel me with the transfiguration of pain
Accept me for the purification of love,
Because I bring what your heart desires
And begged me fervently.

Oh, my longing!
Transmuted into a rainbow of nostalgic prisms
You are a bridge to the reunion of hearts,
Portal to relive moments.

And the diffusing pendulum of times now flies
Without bittering the sweet joy or crying the heart
Soothes me in the lifting and opening of emotions.

DESALENTO

Denis Bortolaço

Timidamente
acalentava
Sonhos poentes
Tardios, tardavam
a desvanecer

Folhas caídas
Sorvidas pelo tempo
Resquícios prementes
Da outonal primavera
Que se fingia morrer

Subitamente esvaía-se
Sem por completo
desaparecer

DESPONDENCY

Shyly,
Cherished
Setting dreams
Late, they lingered
To fade.

Fallen leaves,
Soaked up by time,
Urgent remnants
Of autumnal spring
That pretended to die.

Suddenly vanished
Without completely
To vanish.

AVIÕES E BARCOS DE PAPEL

Deusdeth Maciel

Quando menino, eu brincava de fazer barcos de papel,
E colocá-los nas águas das chuvas que escorriam pelas ruas.
Admirava vê-los flutuarem nas ondas que as enxurradas faziam.
Na inocência imaginei um dia navegar para bem longe dali
Comandando um navio pelo mar, mas aqueles barcos de origami
Sempre acabavam naufragando e levando com eles os meus sonhos de menino.

Outras vezes, construía aviões das folhas de algum caderno
E os atirava ao vento para vê-los voar com destino ao firmamento.
E os acompanhava com meu olhar perdido no infinito, contando
As voltas que os aviões davam antes de vê-los pousar longe de mim.
E na minha inocência imaginava um dia viver assim, voando bem alto
E para muito longe dali, não como uma fuga, mas um destino a cumprir.

Também era feito com dobras no papel um brinquedo que imitava o estalo
Do som de um revólver, brinquedo que atraía a atenção da meninada,
Despertando a curiosidade, então queriam fazer outro igual.
Hoje vai longe a feliz meninice que o tempo não pôde deter,
Usávamos aquele estalo para iniciar uma brincadeira de correr.
Hoje, percebo que os navios que comandei em pensamento, os aviões que
Pilotei com arrojo e atrevimento partiram com o barulho de um daqueles estalos
Como tiro de largada de uma competição para lutar pela sobrevivência.

PAPER PLANES AND BOATS

As a boy, I played at making paper boats,
And put them in the rainwater that ran through the streets.
I admired seeing them float in the waves that the floods made.
In innocence, I imagined one day sailing far away
Commanding a boat across the sea, but those origami boats
Always ended up sinking and taking with them my childhood dreams.

Other times, I would build planes from the sheets of some notebook.
And threw them to the wind to see them fly towards the sky.
And I followed them with my gaze lost in infinity, counting
The turns the planes took before I saw them land far from me.
And in my innocence, I imagined one day to live like this, flying high
And far away, not as an escape, but a destiny to fulfill.

A toy that imitated the sound of
A revolver was also made with folds of paper,
A toy that attracted children's attention,
Arousing curiosity, so they wanted to make another one just like it.
Today the happy childhood that time could not stop is gone,
We used that snap to start a game of running.
Today, I realize that the boats I commanded in my mind, the planes that
I drove with boldness and daring they left with the noise of one of those cracks
Like the starting shot of a competition to fight for survival.

O CANTO DO SABIÁ

Dinah Potyra

Onde canta o sabiá?
No alto galho de austera árvore, pousa o sabiá
Melodioso canto ecoava intercalado à brisa suave
Era uma manhã primaveril em que todo o meu ser
Manifestava profunda angústia tal qual afiada lâmina
Atingindo, em um só golpe, coração e alma,
Que entre si confidenciam as dores provocadas
Por um amor que plantou saudade...
Absorta em pensamentos, rabiscava em branca folha
Aleatórias palavras...
A curiosa ave, à curta distância a tudo observava
Ao mesmo tempo seu mavioso canto entoava
Sangrando coração e dos olhos brotando lágrimas
Coração e alma em forte abraço se entrelaçam
Rompendo o silêncio tão almejado
Questiona-me a ave:
– Por que choras?
Respondo com outra pergunta:
– Por que canta?
Ao que responde o sabiá sem delongas
Cantando afugento seus lamentos e assim possa
Acolher a esperança de que és o sonho de alguém...

THE SONG OF THE SABIÁ

Where does the sabiá sing?
On the high branch of an austere tree, the sabiá lands,
Melodious singing echoed interspersed with the gentle breeze
It was a spring morning when my whole being
It manifested deep anguish like a sharp blade.
Striking, in one blow, heart and soul,
Who confide among themselves the pains caused
For a love that planted longing...
Absorbed in thought, I sketched on a white sheet
Random words...
The curious bird, at a short distance, watched everything
At the same time, its sweet song sang
Bleeding heart and eyes welling up with tears,
Heart and soul in strong embrace intertwine.
Breaking the longed-for silence
The bird asks me:
– Why are you crying?
I answer with another question:
– Why are you singing?
The sabiá answers without delay
Singing I chase away your laments so it can
Welcome the hope that you are someone's dream...

SE EU PUDESSE

Don Policarpo

Saudades de quase tudo,
das coisas boas do mundo,
do brincar
e do bailar.

Da inocência à malícia,
das descobertas diárias,
e a coberta toda rala
que costumava me enrolar.

Do cheiro da comida,
do abraço do cachorro,
do canto do sabiá,
do choro...

Do colo que não tive,
do olhar do pai a incentivar,
da cumplicidade dos irmãos,
da pipa e do balão, que não consegui soltar.

Saudades de um tempo que passou correndo,
que passou voando, que por um momento,
quando me lembro, tenho vontade de voltar...
Voltar e fazer tudo de novo, só que, dessa vez, bem devagar.

IF I COULD

I miss almost everything,
The good things in the world,
The play
And the dance.

The innocence to malice,
Daily discoveries,
And the blanket all thin
That used to wrap me up.

The smell of food,
The dog hug,
The song of the sabiá,
The cry...

The lap I did not have,
A father's look encouraging me,
The complicity of siblings,
The kite and the balloon I could not fly.

I miss a time that passed by,
That flew by, that, for a moment,
When I remember, I want to go back...
Go back and do it all over again, only this time very slowly.

NOSTALGIA

Dorlene Macedo

Basta um cenário, um sopro suave dessa brisa em meu cabelo
Esse cantarolar de nossa música predileta
O aroma do seu perfume que entranhava em minha pele
Através do seu abraço caloroso...
Nossas carícias eram marcadas pela troca de carinho explícito
Sinto as mesmas sensações
Dou asas às minhas recordações:
Primeiro amor
Descobertas e vivências que deixaram lacunas
Essa tristeza, que vai e volta, esse vácuo...
Saudade, palavra que expressa afetividade, ausência que queima
Arde, com sua ausência repentina, sem aviso nem despedida,
Um adeus inexplicável deixou marcas e cicatrizes
Que com o tempo tornaram-se lembranças e recordações boas de
Momentos que marcaram e fizeram história
Nosso amor...
Tive que recomeçar.
Fecho os olhos e sinto
Só sinto...
Saudade infinda!

NOSTALGIA

Just a scene, a gentle breath of that breeze in my hair,
This humming of our favorite song
The scent of your perfume that penetrated my skin
Through your warm embrace...
Our caresses were marked by the exchange of explicit affection
I feel the same sensations,
I give wings to my memories:
First love
Discoveries and experiences that left gaps
This sadness that comes and goes and leaves a void...
Nostalgia, a word that expresses affection, absence that burns
It burns, with its sudden absence, without warning or farewell,
An inexplicable farewell left marks and scars
That with time became memories and good memories of
Moments that marked and made history
Our love...
I had to start over.
I close my eyes and I feel
I only feel...
Endless nostalgia!

MINHA CANÇÃO DO EXÍLIO

Edna Santos

Não me exilei voluntariamente
Em terras parnaibanas
No Delta das Américas, litoral do Piauí
Lembro com saudade da minha terra
Das palmeiras do babaçu
E do canto do sabiá
Que também encontro cá
Muitas aves que aqui gorjeiam
Gorjeiam também por lá
Com exceção do Inhuma
Que nunca vi por aqui
Nosso céu tem muitas estrelas
Aqui as vejo com mais frequência
Nossas várzeas nem existem mais
Quase não temos flores no campo
Nossos bosques foram destruídos
Acabaram com muitas vidas
Por ambição e ganância
Mas lá e cá ainda canta o sabiá

MY SONG OF EXILE

I did not voluntarily exile
in Parnaíba lands
In the Americas delta, coast of Piauí
I miss my land
The babassu palm trees
And the song of the sabiá
That I also find here
Many birds that sing here
They sing there too,
With the exception of Inhuma,
That I have never seen around here
Our sky has many stars,
Here I see them more often.
Our floodplains do not even exist anymore,
We hardly have flowers in the field.
Our woods have been destroyed,
They took many lives,
By ambition and greed,
But here and there, the sabiá still sings

A CASA DA ESQUINA

Esther Valdés Fuentes

Depois de passar pela avenida
E descer a ladeira de terra batida
Notará que surge a figura tímida
De uma singela casa de esquina

Suas paredes de cal encardidas
Mantêm de pé a memória de vidas
Que ali amaram, choraram e festejaram
Fizeram dali um lar e agora o deixaram

Mas ainda retêm a beleza singular
Do quintal onde se cultivava flores
Da varanda onde se partilhava sabores
Do tempo que passou em um piscar

Se a visitar, chegue antes do entardecer
O espetáculo da luz vespertina
Quando abraça a casa da esquina
Será capaz de lhe surpreender

Só peço que trate com o carinho devido
Este meu inusitado local preferido
Pois é lá onde guardo a saudosa lembrança
Dos dias felizes de minha infância

THE CORNER HOUSE

After passing through the avenue
And going down the dirt slope,
You will notice that a shy figure emerges
From a simple corner house.

Its grimy lime walls
Keep the memory of lives standing
Who loved, cried and celebrated there.
They made a home there and now they have left it.

But they still retain the singular beauty
From the backyard where flowers were grown,
From the balcony where flavors were shared,
From the time that passed in a blink.

If you visit it, arrive before sunset,
The evening light show,
When it embraces the corner house,
Will be able to surprise you.

I only ask that you treat it with due care
The unusual favorite place of mine,
Because that is where I keep the memory
Of the happy days of my childhood.

A CASA E A FÁBRICA, QUE SAUDADES!

EvaTrier

Saudades da fábrica, madeira, máquinas,
Ferramentas, cheiro de pó, trabalho, suor.
Dentro da casa filhos, fogão a lenha,
Sonhos, amor, fartura, alegrias.
Saudades das brincadeiras de infância,
Pega-pega, esconde-esconde, cabra-cega.
Saudades da fábrica do cheiro da madeira e da serragem...
Saudades da casa cheia e das festas em família.
Pão quentinho saído do forno, regado a café passado.
Saudades das histórias, as brasas no fogão crepitando e a chaleira chiando.
Em meio a risadas, gargalhadas, finda uma boa história contada.
O chimarrão passando de mão em mão.
Saudades do violão e da gaita que alegravam até de madrugada.
O tempo passou e as memórias afetivas nos enchem de lembranças.
Tempo que a Saudade faz lembrar.
Nos enche de orgulho, amor e afeto pelo que pudemos viver e vivenciar.
Em cada canto e recanto transitam sentimentos e emoções da infância que se foi.
Mas agradeço todo dia ter histórias para contar em forma de poesia.
Sempre reverenciando nossas origens e raízes com amor e respeito.
Para sempre na memória a casa e a fábrica fazem morada.

THE HOUSE AND THE FACTORY, HOW I MISS THEM!

I miss the factory, the wood, the machines,
The tools, the dust smell, the work, the sweat.
Inside the house are children, a wood stove,
Dreams, love, abundance, joys.
I miss childhood games,
Catch, hide and seek, blind man's buff.
I miss the factory, the smell of wood and sawdust...
I miss the full house and family parties.
Warm bread out of the oven, drizzled with stale coffee.
I miss the stories, the coals on the stove crackling and the kettle sizzling.
Amid laughter, guffaw, ends a good story told.
The chimarrão passing from hand to hand.*
I miss the guitar and the harmonica that cheered until dawn.
Time has passed and affective memories fill us with memories.
Time that this feeling reminds me.
It fills us with pride, love and affection for what we were able to live and experience.
In every nook and cranny, feelings and emotions of the childhood that is gone pass by.
But I appreciate every day having stories to tell in the form of poetry.
Always revering our origins and roots with love and respect.
Forever in memory the house and the factory live.

* Chimarrão is a traditional South American caffeine-rich infused drink.

SAUDADE, NÃO ME DEIXE SÓ...

Evelise Pimenta

Quando um coração sente saudade,
Felicidade e tristeza dançam juntas.
Cada uma a seu tempo, como protagonistas,
E vários sentimentos a dançar juntos na pista.

Minha vida está longe de ser perfeita,
Problemas, preocupações, toda sorte de eventos.
Cabe a mim, somente, tomar uma decisão,
Viver a tristeza ou assumir minha missão.

Tristeza não é a minha escolha,
Pois a saudade está aqui dentro de mim.
Ela traz-me de volta valiosos momentos,
Eventos que vivi, meus secretos sentimentos.

Então a felicidade é realmente minha escolha,
Mesmo quando as lágrimas expressam toda a emoção.
Agradeço a Deus, em cada dia de minha existência,
Por dar-me força que me traz a resistência.

— Saudade, abraça-me com seu véu,
Aqueça minh'alma, meu corpo, minha mente.
Deixe-me descolar por um tempo da realidade,
E permita-me evocar o passado em sua integridade.

NOSTALGIA, DON'T LEAVE ME ALONE...

When a heart misses a lot,
Happiness and sadness dance together.
Each at a time playing the master role,
And several feelings join the party as whole.

My life is far to be perfect,
Problems, issues, all sort of things.
It is up to me to take a decision,
To say "I am blue" or to take my mission.

Sadness is not my choice at all,
Since nostalgia is here, inside.
It brings me back all valuable moments,
Events I lived, my secret enjoyments.

So, happiness is the only choice I take,
Even when tears express my emotion.
I thank God every day of my life
For giving me strength that makes me strive.

– Nostalgia, embraces me with your veil,
Heat my soul, my body, my mind.
Take me away from this present gain,
Let me recall past moments again.

BALANÇO NA REDE DA SAUDADE

Félix Barros

Saudade da presença sem palavras,
Da solidão com boas músicas,
Do dia chuvoso e preguiçoso
Lançando o vento sobre a rede.
Saudade de matar a sede
Como criança molhada de suor,
De correr pela rua atrás de bola
Ou de me esconder na sombra amiga.
Saudade de estar ali,
Sem fazer nada, pela madrugada,
Contemplando estrelas,
À procura de parentes e amigos.
Saudade de estar com eles.
Saudade deles estarem comigo.

SWINGING ON THE HAMMOCK FULL OF NOSTALGIA

I miss the unspoken presence,
The solitude with good songs,
The rainy and lazy day
Casting the wind over the hammock.
I miss quenching thirst
Like a child wet with sweat
From running down the street chasing a ball
Or hiding in a friendly shadow.
I miss being there,
Doing nothing, at dawn,
Contemplating stars,
Looking for relatives and friends.
I miss being with them.
I miss them being with me.

SAUDADES DE SALVADOR

Fernanda Lícia de Santana Barros

Ah! Que saudade de Salvador!
As lembranças que guardo com amor
Saudosa e velha infância
Faz rememorar o tempo de criança
Do Engenho Velho a Cajazeiras
Muitas lembranças que não são passageiras
De ver a dona Maria, carinhosamente dona Iaiá
E experimentar aquele prato que não pode faltar, o vatapá!
Das crianças correndo pela casa, são muitas as lembranças
De uma breve infância que guardo como lembrança com fé e esperança

I MISS SALVADOR

Oh! I miss Salvador!
The memories I keep with love,
Nostalgic and old childhood
Reminds me when I was a child
From Engenho Velho to Cajazeiras,
Many memories that are not momentary,
Of seeing Dona Maria, affectionately 'Dona Iaiá'*
*And trying that dish that can not be missed, the vatapá**!*
Children running around the house, there are many memories
Of a brief childhood that I keep as a memory with faith and hope.

*Dona Maria can be described as the Portuguese counterpart of "Miss" or "Mrs". In English;**vatapá is an Afro-Brazilian dish made from bread, shrimp, coconut milk, finely ground peanuts and palm oil mashed into a creamy paste.

POR DETRÁS DA SAUDADE ENCONTRA-SE O EXTRAORDINÁRIO

Flávia Alvim

A saudade não tem idade.
A saudade se perde no tempo.
É um eterno retornar daquilo que não se volta,
Mas que se recorda no aqui e no agora.
A saudade é ausência física no presente,
É presença eterna no coração,
Que se aquece pela imagem que só a mente
Pode ver com a nitidez que ninguém enxerga.

A saudade pode ser um ensaio,
Daquilo que não se viu,
Apenas escutando-a ao pé do ouvido.
A saudade olha para o porvir,
Sentindo a tão esperada morada azul.

A saudade ouve palavras bem-aventuradas,
Gravando-as como um selo sobre o coração.
A saudade olha para o passado,
Esperançando-se nos tempos difíceis,
Pois se lembra somente daquilo que foi bom.
A saudade é a certeza,
De que o Extraordinário já se encontra entre nós.

BEHIND YEARNING THE EXTRAORDINARY IS FOUND

Yearning is ageless.
Yearning is lost in time.
It is an eternal return of what does not come back,
But which is remembered in the here and now.
Yearning is physical absence in present time,
It is an eternal presence in the heart
That is warmed by the image that only the mind
Can see with the clarity that no one sees.

Yearning can be a rehearsal of
What has not been seen,
Just listening to it close to the ear.
Yearning looks to the future,
Feeling the long-awaited blue abode.

Yearning hears blissful words,
Engraving them like a seal upon the heart.
Yearning looks to the past,
Hoping in difficult times,
Because it remembers only what was good.
Yearning is the certainty
That the extraordinary is already among us.

SAUDOSAS LEMBRANÇAS

Francisca Oliveira

Saudades da aurora, do toque da brisa e da hora
Saudades do reflexo da cor, das estrelas e do calor
Saudades do amanhecer, do banzeiro e do entardecer
Saudades de nas águas deslizar, dos ventos frios e do fisgar.

Saudades do olhar calado, do cheiro e do riso disfarçado
Saudades dos beijinhos, do seu falar e dos seus carinhos
Saudades do abraço acanhado, da rotina e de tudo compartilhado
Saudades dos passeios fluviais, do aconchego e das voltinhas triviais.

Saudades das conversas paralelas, dos ditados de infância e das piadas
Saudades da fala repetida, dos ensinamentos paternos e das dicas pra vida
Saudades de te ouvir cantar baixinho Domingo Feliz, Tim Maia e Chão de Giz
Saudades do seu caminhar, do seu jeito observador e do seu braço enlaçar.

NOSTALGIC MEMORIES

I miss the dawn, the touch of the breeze and the hour
I miss the reflection of color, stars and heat
I miss the dawn, the nostalgia and the sunset
I miss sliding in the waters, the cold winds and the tingling feeling.

I miss the silent look, the smell and the disguised laughter
I miss the kisses, your talk and your caresses
I miss the shy hug, the routine and everything shared
I miss the river tours, the coziness and the trivial walks.

I miss side conversations, childhood sayings and jokes
I miss repeated speech, fatherly teachings and tips for life
I miss hearing you sing quietly Domingo Feliz, Tim Maia and Chão de Giz
I miss your walk, your observant way and your arm encircling.

SÓ RESTA SAUDADE

Gil Bhras

Nossos caminhos se cruzaram no final do verão,
Não dei deveras importância,
Afinal, tudo que eu queria era me esquentar,
No calor da esperança.

A noite vai, sem pressa, arrastando-se,
Olho pela janela e vejo o clarão da lua a me banhar,
Em silêncio, olho longe rumo ao infinito,
Sinto que mesmo distante crepito,
Mantendo tua lembrança a pulsar!

Não consigo fugir, fingir ou olvidar,
Sem nenhuma esperança não seria possível continuar,
Também não poderei te esquecer, por certo
Pois, ao tentar te esquecer
Deixo de amor meu coração deserto.

Assim, a luta para te esquecer é em vão, pudera!
Busco no ímpeto do meu ser a coragem
Que diante de tanta potência que se revela
Te transformo, sem querer, em saudade!

THERE IS ONLY LONGING LEFT

Our paths crossed at the end of summer,
I did not care enough,
After all, all I wanted was to warm up
In the heat of hope.

The night goes on unhurriedly,
I look out the window and see the moonlight bathing me,
In silence, I look far into infinity,
I feel that even distant I crackle,
Keeping your memory beating!

I can not run away, pretend or forget,
Without any hope it would not be possible to continue,
I will not be able to forget you either
So, when I try to forget you,
I leave my deserted heart in love.

So, the fight to forget you is in vain, I wish!
I seek in the impetus of my being the courage
That in the face of so much power that is revealed
I transform you, unintentionally, into longing!

D(G)RAMÁTICA SAUDADE

Gustavo (Guga) Mercadante

Imperativo pra lá de afirmativo,
Com infinito bem pessoal.

Talvez pouco indicativo,
Mas um tanto conjuntivo,
De verbo condicional.

O futuro do presente,
De saudade eloquente,
Dolorida no plural.

Indicando que o pretérito,
Outrora mais do que perfeito,
Conjugado em demasia,
Adoece no final.

D(G)RAM(M)A(R) LONGING

Imperative beyond affirmative,
With very personal infinite.

Perhaps little indicative,
But somewhat conjunctive,
Of conditional verb.

The future of the present,
Of eloquent longing,
Sore in the plural.

Indicating that the past tense,
Once more than perfect,
Conjugated too much,
Gets sick at the end.

POR QUE NÃO CANTA O SABIÁ?

Hélio Yassuo Matukawa

Sentei no canto em silêncio e observei as pessoas passarem
Batendo suas pernas com a velocidade que o sabiá bate as asas.
Ah, o velho sabiá.
Seu primeiro parceiro de canto, companheiro de asas.
Aquele que te ensinou que parar para repousar faz parte do voo.
A praça sempre foi pequena pra você, mas também sempre foi seu refúgio.
Daqui você partiu pra conhecer o Brasil.
E quando o nosso imenso país ficou pequeno, você foi conhecer o mundo.
Talvez você tenha imaginado que o mundo também ficaria pequeno.
Cogito essa ideia e sorrio, enfim.
Repito a mim mesmo que você quis visitar as estrelas.
E então, da praça, seu antigo refúgio, te observo em seu novo lar,
Brilhando numa dança de luzes como quem grita a felicidade.
Ouço sua voz pelos cantos. Mas não ouço o sabiá.

Em terra de saudade, as aves não mais gorjeiam.
Já não canta o sabiá.

WHY DOES THE SABIÁ NO LONGER SING?

I sat in the corner in silence and watched people pass by,
Beating their legs with the speed that the sabiá beat their wings.
Ah, the old sabiá.
Your first singing partner, wing mate.
The one who taught you that stopping to rest is part of the flight.
The square has always been small for you, but it has also always been your refuge.
From here you left to know Brazil.
And when our immense country became small, you went to see the world.
Perhaps you imagined that the world would also become small.
I think about it and I smile at last.
I repeat to myself that you wanted to visit the stars.
And so, from the square, your old refuge, I watch you in your new home,
Shining in a dance of lights like someone who screams happiness.
I hear your voice around, but I do not hear the sabiá.

In the land of longing, birds no longer sing.
The sabiá no longer sings.

TEM SAUDADE QUE AQUECE A ALMA

Hortência Melo

Tem saudade que aquece a alma
Tem saudade que faz bem
Tem saudade que tem cheiro de casa
Tem saudade que alimenta
Tem saudade inexplicável
Tem saudade que o tempo explica
Tem saudade que muda a história
Tem saudade que renova a vida
E que bom sentir saudade
É o aconchego no peito
O sinal mais certo do amor
Que veio, partiu e eternizou
E em forma de saudade ficou

THERE IS NOSTALGIA THAT WARMS THE SOUL

There is nostalgia that warms the soul;
There is nostalgia that is good;
There is nostalgia that smells like home;
There is nostalgia that feeds;
There is inexplicable nostalgia;
There is nostalgia that time explains;
There is nostalgia that changes history;
There is nostalgia that renews life;
How good it is to have this feeling;
It is the warmth in the chest;
The surest sign of love
That came, left and eternalized
And in the form of nostalgia it remained.

ABSURDO

Isabel Fontes

É absurdo que me limites as saudades porque as queres para ti,
que me desnudes porque me queres admirar sem tocar.

É absurdo que me devores e eu não sinta,
porque me cegaste e guardaste todos os meus muros.

É absurdo que o nosso ritual seja secretamente sedutor,
enquanto explodes na minha pele onde sabiámente fluíste.

É absurdo recordar os nossos beijos em cada inspiro meu,
sabendo que nunca sei quando os posso ter de novo.

ABSURD

It's absurd that you limit my nostalgia because you want it for yourself,
that you strip me naked because you want to admire me without touching.

It's absurd that you devour me and I don't feel it,
because you have blinded me and guarded all my walls.

It is absurd that our ritual is secretly seductive,
while you explode on my skin where you wisely flowed.

It's absurd to remember our kisses in my every breath,
knowing I never know when I might have them again.

ERA UMA VEZ EM TORONTO

Ivan Zola Peranovich

Entre o agito da Dundas Square e da beleza da Casa Loma
até a calmaria e o verde do High Park.
Entre as boutiques do Eaton Centre e da imponência da CN Tower
aos brechós e artes do Kensington Market.
Fomos felizes!

Toronto, no Canadá – terra de tanta gente – foi nossa breve morada naquele 2014.
Brasileiros, europeus, venezuelanos, árabes, japoneses e africanos:
pessoas de diferentes cantos, sotaques e encantos,
unidas em prol de melhorar o inglês e desfrutar daquela experiência única.
Quando faltou repertório, sobrou alegria e improviso.
E entre *happy hours* e livros, fomos felizes!

Mas cada um de nós viveu também sua própria Toronto.
A minha terá sempre o gosto de liberdade e dos problemas deixados para trás.
Da pasta de amendoim, das conversas com Janet, minha querida *host mother,*
Do metrô à noite anunciando "A próxima estação é a Warden.
Warden Station" – era hora de descansar após mais um dia longo e feliz.
Toronto foi veloz e intensa,
como as músicas punks que prometi à Vera seguir escutando.
Toronto foi um sonho bom, que dificilmente esqueceremos.
E mesmo tão diferentes e distantes... lá fomos felizes!

ONCE UPON A TIME IN TORONTO

Between the hustle and bustle of Dundas Square and the beauty of Casa Loma
To the calmness and greenery of High Park.
From the boutiques of Eaton Center and the majesty of CN Tower
To Kensington Market's thrift stores and arts.
We were happy!

Toronto, Canada – melting pot – was our brief home in 2014.
Brazilians, Europeans, Venezuelans, Arabs, Japanese and Africans:
People from different corners, accents and charms
United in order to improve English and enjoy that
Unique experience.
When the repertoire was lacking, there was joy and improvisation.
And between happy hours and books, we were happy!

But each of us also lived our own Toronto.
Mine will always taste freedom and problems left behind.
Peanut butter and conversations with Janet, my dear host mother,
The subway at night announcing "Next station is Warden.
Warden Station" – it was time to rest after another long and happy day.
Toronto was fast and intense,
Like the punk songs I promised Vera to keep listening.
Toronto was a good dream that we will hardly forget.
And even so different and distant... there we were happy!

CANÇÃO DA EXILADA PELA COVID-19

Jackie Rodrigues

Minha terra tem Palmeiras
Que todos chamam de Verdão
Mas também tem o Corinthians
Que é meu time do coração

Em cismar sozinha à noite
Mais saudades tenho de lá
Minha terra tem Palmeiras
Não sei se tem sabiá.

São Paulo minha terra de tantas cores
Que tais não encontro eu cá
Em cismar sozinha à noite
Não sei se volto para lá
Minha terra tem Palmeiras
E muitos amigos para encontrar

Não permita Deus que eu morra
Sem que eu volte para lá
Sem que desfrute os esplendores
Que não encontro eu cá
Sem qu'inda pise na Paulista
Mesmo sem ter o sabiá.

THE EXILED BY COVID-19 SONG

My land has Palmeiras[*]
That everyone calls 'Verdão'
But there is also Corinthians[**]
That is the team of my heart

In dreaming alone at night,
I miss there more,
My land has palm trees
I do not know if there is a sabiá.

São Paulo, my land of so many colors
That cannot be found here
In dreaming alone at night
I do not know if I go back there
My land has palm trees
And many friends to find

May God never allow
That I die before I return
Without seeing the splendor
That I cannot find here
Without ever stepping on Paulista
Even without having the sabiá.

---

*Palmeiras is a Brazilian soccer team; **Corinthians is a Brazilian soccer team.

ENTREMEIOS

Jaime Barros dos Santos Junior

Entre o mar azul e o céu cinza
existe um sentimento de saudade
Saudade que não cabe no peito
e transborda em lágrimas

Entre a aurora e o brilho da lua
há muitos pensamentos que se escondem
Pensamentos esvoaçantes que se perdem
nas nuvens do tempo passado

Entre as densas névoas das mais altas montanhas
refugiam-se lembranças
Lembranças esquecidas de sonhos não vividos
e deixados para lá

Entre sentimentos, pensamentos e lembranças
há a esperança não tardia
Esperança que nutre a alma e acalenta o coração
na hora mais sombria.

IN BETWEEN

Between the blue sea and the grey sky
there is a feeling of longing
Longing that doesn't fit in the chest
and overflows in tears

Between dawn and moonlight
there are many thoughts that hide
Floating thoughts that get lost
in the clouds of past time

Among the dense mists of the highest mountains
memories take refuge
Forgotten memories of unlived dreams
and let it go

Between feelings, thoughts and memories
there is hope not too late
Hope that nourishes the soul and warms the heart
at the darkest hour.

DOCE RISO

Jairo Sousa

Sob as cortinas noturnas
ou incertezas aparentes,
ela ria e amava.
Antes do sol nascer,
ela orava.
As marcas nos joelhos,
a aliança com o Eterno simbolizava.
Seu dom maior era ser MÃE,
assim foi sem limites.
Sem economia
de forma maternal vivia, sorria...
Uma vida de doação
de serviço e oração.
Cá, cê deixou saudade!
Ali, cê deixou saudade!
Dói ver as cortinas se fecharem!
Sigamos com teu sorriso
sempre vivo...

SWEET LAUGHTER

Under the night blinds
Or apparent uncertainties,
She laughed and loved.
Before the sun rises,
She prayed.
The marks on the knees,
The alliance with the Eternal symbolized.
Her greatest gift was being a MOTHER,
So, she was limitless.
No savings,
As a mother she lived, she smiled...
A life of giving,
Of service and prayer.
We miss you here!
We miss you there!
It hurts to see the curtains close!
Let us keep going with your smile
Always alive...

SAUDADES DOUTROS TEMPOS

Jean Marcos Frandaloso

Se hoje choro, extravaso,
é de alegria,
de emoção...
Foram tantos os momentos
de magia,
tantas as lembranças,
nostalgia!
eterna fantasia do
coração.

N'alma muitas saudades,
um querer que não se alcança,
que queima em brasa ardente,
que renasce em esperança!

E pela longa jornada prosseguirei
levando no peito sua lembrança,
memórias que alimentam os meus dias,
e que encurtam a distância!
Saudades, saudades doutros tempos,
Daqueles tempos de criança!

MISSING OTHER TIMES

If today I cry, I overflow,
From joy,
From emotion...
Many were
the magical
Moments,
Many were the memories,
Nostalgia! Eternal fantasy of the
Heart.

I miss a lot,
A wish that cannot be reached
That burns in blazing embers,
That is reborn in hope!

And for the long journey I will continue
Carrying your memory in my chest,
Memories that feed my days,
And that shorten the distance!
Missing, missing other times,
Childhood times!

CADÊ VOCÊ, MEU PEQUENO SABIÁ?

Jessana da Silva

Cadê você, meu pequeno sabiá?
Teu tom afinado me fez apaixonar
Mesmo com meu tom combinar com o teu
bateu asas e me deixou a chorar

Quando você partiu
Levou junto ao teu canto meu coração,
Minha emoção e o meu sonhar

Por agora te amar
Preenchi o vazio do meu peito com solidão
Até você voltar

Só você, meu sabiá
Com seu canto sempre a soar
Me faz viver a vida como deve ser

Volte logo, sabiá
Você me inspira a amar,
A viver e a sonhar

Traz de volta ao peito meu
A alegria que é estar
Ouvindo os versos teus

Não se assuste, sabiá
Minha emoção prematura
Significa que nasci para te amar.

WHERE ARE YOU, MY LITTLE SABIÁ?

Where are you, my little sabiá?
Your tuned tone made me fall in love
Even with my tone, matching yours
It flapped its wings and left me crying.

When you left,
You took my heart with you,
My emotion and my dream.

For now loving you,
I filled the void in my chest with loneliness
Until you come back.

Only you, my sabiá,
With your song always sounding,
It makes me live life the way it should be.

Come back soon, sabiá
You inspire me to love,
Live and dream.

Bring back to my chest
The joy of
Hearing your verses.

Do not be scared, sabiá,
My premature emotion
It means I was born to love you.

MAJESTADE

João Antônio Leiria

De manhã logo cedinho
O seu cantar me desperta
Me traz paz ao coração
E minha alegria é certa.

Depois do dia agitado
Lhe escutar é relaxante
Viajo na meditação
Já estou bem melhor que antes.

Lá no quintal você canta
no galho da laranjeira...
canta aqui, canta'colá
lá no lago da cachoeira.

Lhe escutar é tão bom
Traz alegria e esperanças
Também traz recordações
Dos meus tempos de infância.

Seu cantar é inconfundível
Pois ninguém canta igual
Na cidade ou no campo
Nas florestas ou no quintal.

MAJESTY

Early in the morning,
Your singing wakes me up,
Brings peace to my heart,
And my joy is certain.

After a busy day,
Listening to you is relaxing.
I travel in meditation,
I am already much better than before.

There in the backyard you sing
On the branch of an orange tree...
You sing here, sing there
By the waterfall lake.

Listening to you is so good,
It brings me joy and hope,
It also brings back memories
From my childhood times.

Your singing is unmistakable,
Because no one sings the same
In the city or in the countryside
In the forests or in the backyard.

AINDA UM ACENO

João Júlio da Silva

Sentado na fresta do azul,
sonhou horizontes por desvendar
e partiu além de suas montanhas gerais.
No prelúdio do voo, a magia do bater de asas!
O último aceno hasteou saudades ao vento.
O vazio abraçou a distância.
Do alto da palmeira ficou o sabiá a lamentar sua ausência.
Distante, muito mais que palmeiras e sabiás,
desejou pássaros e árvores mil.
Em seu exílio carente de cores e luz,
foi tomado por florestas, serras, rios e bichos
espalhados no verde de seu telúrico encantamento.
Rabiscava caminhos na poesia que se fez vida,
a florescer versos livres na brisa,
semear voos no deslumbre do azul.
Pelas encostas da canção,
ainda um aceno gorjeia melancolia,
asas gesticulando abraço na solidão.
Onde canta o sabiá, chora também a saudade,
rasteja por escombros de um aceno sem fim...

STILL A WAVE

Sitting on the narrow of the blue,
Dreamed horizons to unravel
And it departed beyond the general mountains.
In the prelude of flight, the magic of flapping wings!
The last wave left longing in the wind.
Emptiness embraced the distance.
From the top of the palm tree, the sabiá was left lamenting its absence.
Far away, much more than palm trees and sabiás,
Wished birds and trees a thousand.
In its exile lacking in color and light,
It was taken over by forests, mountains, rivers and animals,
Scattered in the green of its telluric enchantment.
Scribbled paths in the poetry that became life,
To bloom free verses in the breeze and
Sow flights in the dazzle of blue.
Along the slopes of song,
Still a wave sings melancholy,
Wings gesturing embrace in solitude.
Where the sabiá sings, the longing also cries,
Crawls through rubble of an endless wave...

SAUDADE ATEMPORAL

Joelma Gomes

Viajando no tempo, lembro e relembro
De cada momento
Que vivi ao seu lado,
Brincadeiras de criança sorriso largo.
Amor, atenção,
Carinho, afagos,
Mãos ásperas do trabalho árduo.
Sinto saudades das noites estreladas,
Do abraço apertado, das histórias por ti contadas.
Tempo... Bom,
A alegria contagiava.
De repente!!! No auge da felicidade,
A noite escura, a tempestade.
Terremoto, calamidade,
Gritos,
Silêncio,
Tristeza,
Lágrimas...
Meu pai, minha saudade diária.

TIMELESS LONGING

Traveling in time, I remember and remember over again
Every moment
That I lived by your side,
Child's play, wide smile,
Love, attention,
Affection, cuddles,
Rough hands from hard work.
I miss the starry nights,
From the tight hug, from the stories you told.
Time... Well,
The happiness was contagious.
Suddenly!!! At the height of happiness,
The dark night, the storm.
Earthquake, calamity,
Screams,
Silence,
Sadness,
Tears...
My father, the one I miss every day.

RETRATO DE MORGANA

José Alves de Cerqueira

Vales e montanhas de Minas.
Riachos correm lentos
E escondem pepitas de ouro.
Casarões emolduram as matas,
Onde canta um bem-te-vi.
Bem-te-vi!
Ouço o eco vindo no vento.
Portais entreabertos
Como olhares desconfiados
Janelões coloniais deixam entrar raios de sol.
À noite a lua clareia um retrato em branco e preto.
Em branco e preto, como num pódio,
Explode na parede o retrato de Morgana.

MORGANA'S PORTRAIT

Valleys and mountains of Minas.
Streams run slow
And hide nuggets of gold.
Mansions frame the woods,
Where the bem-te-vi sings.*
Bem-te-vi!
I hear the echo coming on the wind.
Half-open portals
like suspicious looks
Colonial windows let in sunbeams.
At night the moon illuminates a black and white portrait.
In black and white, as on a podium,
Morgana's portrait explodes on the wall.

---

*Bem-te-vi is a Brazilian bird.

DISTÂNCIA

José Sirqueira Abreu

Por um olhar pedi teus olhos
Mas que viesse do coração
Nem eram os olhos
O acarar suave de paixão

Eu pedi teu canto
Ecoado de cantiga e de infinito
De música, ritmo encanto
Em verdade o teu grito

Caprichosa, calou-se como pedra submersa
Não viste que pedi o ar e a vida
Teu suor, teu sangue, saliva enaltecida
Marcial, resoluta, incontroversa
Em teu silencio de tantas cóleras, cor e fragrância
Tanto de sombras, assombro e distância

DISTANCE

For a look, I asked for your eyes,
But that it came from the heart,
It was not even the eyes
The soft caress of passion.

I asked for your song,
Echoed by song and infinity
Of music, enchanting rhythm
In truth, your scream.

Wayward, stayed quiet like a sunken stone
Did not you see that I asked for air and life
Your sweat, your blood, saliva praised
Martial, resolute, uncontroversial
In your silence of so many angers, color and fragrance
So much of shadows, astonishment and distance.

NATAL SEM NOEL

Lafrança

Vem cá, vem cá
Vem cá meu sabiá!
Com você faço dueto,
Canto aqui, canto acolá.
Uma saudade em canção,
Relicário de memórias, ecoa meu passado.
A magia do Natal é presente, é história!
Nesse tempo sem fronteira,
É festa no interior: nas ruas, nas calçadas.
De palhas de coqueiro, barraquinhas ornamentadas
Exibem em papel de seda,
Casinhas e cestinhas recheadas com castanhas de caju assadas.
Na igreja o fascínio!
Olhar para o presépio e para o anjo que acenava com a moeda ofertada:
miniaturas em gesso de cores variadas.
Em casa, o cheiro do bolo preto quentinho conduzia meus passos:
fusão da rapadura com leite de coco, cravo, erva-doce e massa de mandioca.
No Natal sem Noel, exaltado hoje nesses versos,
o colorido do papel, o aroma e o sabor do bolo preto
eram como feitiço que seduziam meu olhar de menina!

CHRISTMAS WITHOUT SANTA CLAUS

Come here, come here
Come here my sabiá!
With you I make duet,
I Sing here, I sing there.
A longing in a song,
Reliquary of memories, echoes my past.
The magic of Christmas is curent, it's history!
In this time without borders,
It's a party in the countryside: in the streets, on the sidewalks.
Of Coconut palm straws, ornate booths shows
In silk paper,
Little houses and baskets stufted with roasted cashews nuts.
In the church the fascination!
Look at the crib and at the angel who waved with the
Offered coin:
miniatures in varied colors plater.
At home, the smell of warm bolo preto led my
steps:
mixtur of rapadura with coconut milk, cloves, fennel and manioc mass
at Christmas without Sant Claus, exalted today in these verses
The colorful paper, the scent and the flaver of bolo preto
They were like a spell that enchanted my younger self's girlish eyes!

SABIÁ MENSAGEIRO

Lenir Santos Schettert

Amado meu, nosso dia sempre iniciava
Com o canto dos sabiás entre as folhas
Das árvores que se encontram no jardim
Em frente à janela do nosso quarto.
Um canto alegre e tão harmonioso
Que enchia nossos corações
De alegria, embora ainda fosse cedo.
Quando o dia amanhecia radiante
O canto dos sabiás parecia mais alegre e vibrante.
Porém, nos dias de chuva ou de muito frio
Eram poucos os sabiás cantores.
Então, no silêncio da madrugada do dia
Em que partiste para a morada celestial
Um sabiá mensageiro veio me acordar
Com um canto que parecia um lamento...
Agora, amado meu, eu ainda acordo com
O canto dos sabiás, mas é um canto que me faz
Recordar todos os dias que já não estás mais aqui...

MESSENGER SABIÁ

Love of mine, our day always began
With the song of the sabiás between the leaves
Of the trees in the garden
In front of our bedroom window.
A joyful song and so harmonious
That filled our hearts
With joy, although it was still early.
When the day dawned bright
The song of the sabiás seemed more cheerful and vibrant.
However, on rainy or very cold days,
There were few singing sabiás.
So, in the silence of the dawn of the day
In which you departed for the heavenly abode,
A messenger sabiá came to wake me up
With a song that sounded like a lament...
Now, love of mine, I still wake up with
The song of the sabiás, but it is a song that makes me
Remember every day that you are no longer here...

O TEMPO

Lenita Stark

No vestígio do passado
Um pedaço de mim
Num território árido
Esperando aflorar um jardim

Momentos delicados
O tempo – uma eternidade
Sombras – sempre ofuscadas
Eu cria na felicidade

O sabiá anuncia outro dia
O sol marca a hora
A Gaia revela a vida
Eu... já uma senhora!

Canta, canta, sabiá...
No amanhecer do dia
Nada mais belo há...
Que a sua cantoria!

TIME

In the vestige of the past,
A piece of me
In an arid territory
Waits for a garden to bloom.

Delicate moments
Time – an eternity
Shadows – always obscured
I believed in happiness.

The sabiá announces another day
The sun marks the time
Gaia reveals life
I... already a mistress!

Sing, sing, sabiá...
In the dawn of the day
There is nothing more beautiful...
That your singing!

PELA JANELA

Lidiane Telles

Quando a vi pela primeira vez
Não a reconheci
Foi num inverno francês
Inspiradora, porém, não a compreendi

Entre o olhar e o adeus, não me importei
Era um jovem aprendiz
Laços que cortei
O que foi que eu fiz?

Anos se passaram
Fumaça dos cigarros
Famílias se formaram

Piedade, Majestade!
Barulho da porta dos carros
Pela janela, apenas olho a tempestade

THROUGH THE WINDOW

When I first saw you,
I did not recognize you.
It was in a French winter,
Inspiring, but I did not understand you.

Between the look and the goodbye, I did not care,
I was a young apprentice.
Ties have been cut
What have I done?

Years passed by,
Cigarette smoke,
Families formed.

Mercy, Your Majesty!
Car door noise
Through the window, I just look at the storm.

QUANDO A SAUDADE PEDE

Lidiane Telles

No devaneio das sombras
Na companhia do silêncio
Sonhos quimera

Tentadora vitrine da mentira

Quiseras calçar a liberdade descalça por ti só

Para onde vais, meu amor?
Voltes logo, por favor

Encontras chulas almas fúteis
Saudade pedes chegada

Uma xícara de café
Pés no chão outra vez
Voltas a ficar de pé
Estendes a mão mais uma vez

A vitrine cai por terra
É preciso seguir em frente
Não vás embora novamente, meu amor!
Trago-te uma flor

WHEN LONGING ASKS

In the window reverie,
In the company of silence,
Chimera dreams.

Tempting lie window.

You wanted to wear freedom barefoot by itself.

Where are you going, my love?
Come back soon, please.

You find petty futile souls
Longing asks for arrival.

A cup of coffee,
Feet on the ground again,
Get back on your feet,
You extend your hand once more.

The window falls apart
It is necessary to move on
Do not go away again, my love!
I bring you a flower.

VALE DE BELEZAS MIL

Lillian Melo

É um vale de esplendor
Canta o sabiá, canta a natureza
No Vale do Jequitinhonha
há diversas riquezas

Um verdadeiro paraíso de culturas
Uma pluralidade de saberes
Entre maravilhas e ternuras
Canto aqui, canto acolá

Quem aqui já passou, sempre quer voltar
Quem conhece, quer ficar
Quem nunca soube
Quando conhecer, irá se encantar

Da cerâmica aos cantares
Do teatro aos vários falares
Da poesia ao acolhimento
No Vale do Jequitinhonha
Guardo muitas memórias e encantamentos

VALLEY OF WONDERS

It is a valley of splendor
The sabiá sings, nature sings
In the Jequitinhonha Valley,
There are several wonders.

A true paradise of cultures,
A plurality of knowledge
Between wonders and tenderness
I sing here, I sing there.

Who has stopped by here, always wants to come back,
Who knows, wants to stay
Who never knew,
When they meet, they will be enchanted.

From ceramics to songs,
From the theater to the various speeches,
From poetry to welcome,
In the Jequitinhonha Valley,
I keep many memories and happiness.

NOS CAMINHOS DO SERTÃO

Lolita Garrido

Pelas estradas de chão eu vou,
Daquelas que ninguém pensou!
Mas esses jamais saberão
Das riquezas do sertão.

Belezas estão a todo lado,
Basta só procurar.
Pássaros alegres em revoada,
Anunciam chuva pesada
Que a caatinga há de regar.

Os leitos dos rios agradecem.
O plantio se restabelece.
O gado volta a pastar...

A riqueza é infinita,

Seja na serra ou boqueirão.
A Deus o povo agradece
Cada dia que amanhece
Nos caminhos do sertão.

ON THE HINTERLAND PATHS

On the dirt roads I go,
The ones no one could ever imagine
But they will never know
The treasures of the hinterland.

Beauty is everywhere,
You just have to perceive it
Joyful birds in flight
Announce heavy rain
That will water
*the caatinga**.

The river beds appreciate it
Planting revives
The cattle can feed again...

Richness is boundless,

Whether in the mountains or in the valley.
To God people give thanks
For every day that dawns
On the hinterland paths.

---

* Caatinga (white forest) refers to the generally stunted, somewhat sparse, and often thorny vegetation of the dry countryside of northeastern Brazil.

CANTO DA MATA VIRGEM

Lourival da Silva Lopes

O canto que ecoa nas palmeiras de babaçu
Vem ao encontro do rio de águas da cor de prata.
Vem veloz, intenso, fervilhando, lá na mata,
Como assobios renitentes, com paradinhas intensas.
É o canto do sabiá que alardeia felicidade
Até em quem sente demasiada saudade.
Aqui, na terra de Pindorama, o sabiá desafia
O canto ritmado do eterno cantador.
Não há patativa que resista nem igual cantoria
Seja possível realizar outro pássaro canoro.
Na voz de nosso poeta, da terra dos Timbiras,
O canto do sabiá lembrou fundo a dor do exílio
E o lamento triste da distância da terra natal.
Igual sentimento eu sinto quando me perco na mata,
Onde, escondido nas palhas da palmeira, o sabiá
Mavioso, verdadeiro, inimitável, desafia
Todas as distâncias, entranhando o seu canto
Nesse mundo de mata virgem, sem notar que eu existo.

VIRGIN FOREST'S SONG

The song that echoes in the babassu palm trees
Meets the river of silver-colored waters.
It comes fast, intense, seething, there in the woods
Like persistent whistles, with intense stops.
It is the song of the sabiá that trumpets happiness
Even those who miss you so much.
*Here, in the land of Pindorama**, *the sabiá challenges*
The eternal signer's rhythmic song.
*There is no patativa*** *that can resist nor the same singing*
Be possible to perform another songbird.
*In the voice of our poet, from the land of the Timbiras****,
The song of the sabiá reminded me of the pain of exile
And the sad lament of the distance from the homeland.
The same feeling I feel when I get lost in the forest,
Where, hidden in the palm tree straws, the sabiá,
Gentle, true, inimitable, defy
All the distances, ingraining its corner
In this world of virgin forest, without noticing that I exist.

---

*Pindorama was how Brazil was called by the indigenous before colonization; **Patativa is a bird found in South America; ***Timbiras is a Brazilian indian tribe.

PLANTEI E REGUEI SAUDADE

Lúcia Nóbrega

No afã da minha mocidade, eu plantei
As sementes do orgulho e da vaidade
Hoje colho de ti, sabiás de saudade
Frutos da dor que com desamor, em ti reguei

Em teu coração, para mim terra fértil de amor
Plantei o egoísmo e a infidelidade
Meu sabiá canta containers de saudade
E as minhas lágrimas hoje são da tua dor

Eu brinquei com o teu ardor, ainda te desdenhei
Te esnobei, teu amor com os meus pés, o pisei
M'esqueci, porém, do tempo a velocidade

Eu fui a flor do teu jardim, mais desejada
Eu fui para ti, a mulher mais cobiçada
Hoje, onde canta meu sabiá... é tua saudade

I PLANTED AND WATERED YEARNING

In the eagerness of my youth, I planted
The seeds of pride and vanity
Today I harvest yearning from you, sabiá
Fruits of the pain that, with no love, watered in you

In your heart, for me, fertile land of love
I planted selfishness and infidelity.
My sabiá sings containers of yearning
And my tears today are from your pain.

I played with your ardor, I still disdained you
I snubbed you, with my feet your love I stepped on
I forgot, however, about time and speed

I was the flower in your garden, the most desired
I was for you the woman you wanted the most
Today, where my sabiá sings... is your yearning.

INFINITO

Luciana Alvim

Infinitas são as madrugadas
Infinitas são as lágrimas
Infinita é minha vontade de te ver
Infinita como o amor que sinto por você

Infinitos são os raios de sol
Iluminando a imensidão do mar
Infinitas noites de luar
Em que não sei mais quem sou

Dizem que o infinito
É o símbolo matemático mais perfeito
Mas infinita mesmo
É a saudade que tenho em meu peito.

INFINITY

Infinite are the dawns
Infinite are the tears
Infinite is my desire to see you
Infinite as the love I feel for you.

Infinite are the rays of the sun
Illuminating the immensity of the sea
Infinite moonlit nights
In which I do not know who I am anymore.

Some say infinity
Is the most perfect mathematical symbol,
But infinite
Is this feeling of yearning I have in my chest.

INFÂNCIA, TEMPO DE SONHAR!

Luciane Aparecida Varela

Lugar de infância para recordar e lembrar,
Lembrar de um tempo que o mundo era gigante e temeroso,
Tempo de correr e pular, saudades de algo para recomeçar,
Algo que não podemos mudar, mas que ao longo da vida deixamos passar.

Infância feliz de um mero aprendiz, momento de nostalgia
Que bela viagem que nos trazia tamanha alegria,
Feliz eu era mas quem me dera poder voltar,
Voltar no tempo para gritar ao vento feliz criança,
Viva a eterna magia de brincar.

Brincar ao lento por tamanho tempo sem ao mesmo pensar,
Pensar no lugarejo que longe vejo,
Somente a saudade ficou, de um tempo bonito,
Com castelos infinitos e sonhos a sonhar,
Quem sabe um dia essa linda mensagem eu possa levar.

Eterna criança viva a intensa magia de vivenciar,
Tamanha beleza que nos trará tanta ternura,
Que longa aventura a infância fará, se em tudo tocar
Ao longo da vida quero apenas te fazer sonhar!

CHILDHOOD, TIME TO DREAM!

Childhood place to remember and recall,
Remember a time when the world was giant and fearful,
Time to run and jump, missing something to start over,
Something that we cannot change, but that throughout life we missed.

Happy childhood of a mere apprentice, moment of nostalgia
What a beautiful journey that brought us such joy,
Happy I was, but I wish I could
Go back in time to scream in the wind happy child,
Live the eternal magic of playing.

Playing for so long without even thinking,
To think of the place that I see far away,
Only the feeling of longing remained, of a beautiful time
With endless castles and dreams to dream,
Maybe one day this beautiful message I can take.

Eternal child, live the intense magic of experiencing
Such beauty that will bring us so much tenderness.
What a long adventure childhood will make, if it touches everything
Throughout life, I just want to make you dream!

ASSOVIAR

Luis Lucini

sorri o menino
um som de flauta na árvore
– sabiá trina

domingo à tarde
acorda o velho senhor
– gorjeios, gorjeios

frio, entardece
estrela amarela
– carambola no bico

as sombras cantam
vou voltar, Jobim, Chico
e um sabiá

WHISTLE

the boy smiles
a flute's song on the tree
– the sabiá sings.

sunday afternoon
an old man wakes up
– songs, songs.

cold, it is late
yellow star
– star fruit in the beak.

the shadows sing
Vou voltar, *Jobim, Chico*
and a sabiá

ONDE MORA A MINHA SAUDADE

Luis Santana

O poeta não pode viver sem amar
Seus versos devem ter endereço fixo
Eu conto as horas para poder lhe encontrar
E a ti escrever os versos mais bonitos

Este convívio social tende a nos maltratar
Tem horas que a vida parece não ter sentido
O teu olhar me arrepia como a brisa do mar
Jorra em meu ser a felicidade indescritível

Não é nenhum exagero te retratar
Como se fostes um ser sublime e divino
Desperdício seria a você não versar
Sem expor as benfeitorias que fizeste comigo

O poeta não pode viver sem amar
E ter em seus braços a mais singela flor
Em tempos de cólera suas lágrimas enxugar
Ser para este alguém o refrigério em meio a dor

WHERE NOSTALGIA LIVES

A poet cannot live without loving.
Their verses must have a fixed address
I count the hours so I can find you
And to you to write the most beautiful verses.

This social interaction tends to mistreat us.
There are times when life seems meaningless
Your look chills me like the sea breeze
Indescribable happiness pours into my being.

It is no exaggeration to portray you,
As if you were a sublime and divine being.
It would be a waste for you not to talk
Without exposing the good deeds you made to me.

A poet cannot live without loving
And hold the simplest flower in their arms
In times of anger their tears dry
To be for this someone the refreshment amidst of pain.

ONDE CANTA O SABIÁ

Luiz Jorge Ferreira

Doutro lado do Poente,
Onde uma pedra de gelo derrete sob a luz do luar,
Eu vejo duas castanholas antigas muito usadas.
Mas mesmo assim elas querem dançar com o tempo.
Eu não sei tocar castanholas.
Eu sei voar... mas agora não tenho mais asas.
As asas que eu tinha molhei com as lagrimas que perdi...
Ou com a saliva que cuspi, ou com nada.
As gastei voando à toa como um velho sabiá sem rumo.
Voei do Norte para o Sul... do Sul para o nada.
Ao chegar no nada, foi onde eu gastei mais as asas.
Voei contra o vento, contra o tempo, e contra as lembranças.
Voei contra o nada agora já sem asas, flutuando sobre sonhos e lamentos.
Hoje sou um velho sabiá que já não sabe onde canta.
E apenas se pergunta.
Onde canta o sabiá?

WHERE THE SABIÁ SINGS

On the other side of the west,
Where a stone of ice melts in the moonlight,
I see two very used old castanets.
But still they want to dance with time.
I cannot play castanets.
I know how to fly... but now I do not have wings anymore.
The wings I had wet with the tears I lost...
Either with the saliva I spit out or with nothing.
I spent them flying aimlessly like an old idling sabiá.
I flew from north to south... from south to nowhere.
When arriving at nothing, that is where I flew the most.
I flew against the wind, against time, and against memories.
I flew against nothingness now without wings, floating on
dreams and regrets.
Today I am an old sabiá who no longer knows where to sing
And just ask myself:
Where does the sabiá sing?

MINHA JANELA

Magella

Esta janela do meu quartinho é abençoada
Me debruço nela e a alma fica apaixonada
Na minha frente a beleza da serra
Verde, forte. Como é bela minha terra!
Os pássaros cantando, voando no céu
A neblina baixa envolvendo a serra como um véu
Saio da janela e caminho pensando em versos
Fico olhando a revoada de pássaros diversos
São rolinhas, saíras, canários, tucanos e sabiás.
Dentro desse silêncio só se ouve a voz da natureza
Que mostra para nós toda sua beleza.
E aqui, no meio do mato, neste lugar, nesta clareira
Um sabiá de peito amarelo me presenteia com seu canto triste no galho da laranjeira
O barulho de um galho caindo assusta a passarada
É uma cena simples, não parece nada.
Neste pedaço de chão, nesta janela,
Estarei sempre a meditar
Até que Deus me leve
E lá de cima, que eu possa olhar, chorar
E ouvir o sabiá com seu canto triste a orar.

MY WINDOW

This window of my little room is blessed,
I lean into it and the soul falls in love
In front of me the beauty of the mountains
Strong green. How beautiful is my land!
The birds singing, flying in the sky
The low fog envelops the mountain like a veil
I leave the window and walk thinking in verses
I look at the flock of different birds
They are long-tailed ground doves, canaries, toucans and sabiás.
Within this silence, only the voice of nature is heard
That shows us all its beauty.
And here, in the middle of the forest, in this place, in this clearing
A yellow-breasted sabiá presents me with its sad song on the branch of the orange tree
The sound of a falling branch scares the birds
It is a simple scene, it does not look like anything.
On this piece of ground, in this window,
I will always be meditating
Until God takes me
And from above, that I can look, cry
And hear the sabiá, with its sad song, pray.

REMINISCÊNCIAS

Marciano Pereira

Um riacho, pedras pretas e lisas, águas cristalinas que lá corriam hoje descem pela face desse menino crescido. Crescer é uma dádiva, perceber-se adulto espezinha a alma deveras envelhecida pelas dores dessa vida.

Casa humilde, riacho, águas, pedras, retratos de outras eras, de outras terras. No jardim algumas rosas, corações de mãe, trepadeiras, begônias; no terreiro pés de pêssego, uvas da índia, terra vermelha sedenta, cravejada de ausências; no pequeno potreiro a vaquinha mimosa que em tempos de crise virava moeda de troca; na pequena roça plantação de milho, feijão, morangas e abóboras; no esforço de todo dia a luta pela vida.

O riacho se fez mar, suas ondas gritam dentro do meu peito. Olho para aquela família: uma idosa que gastou seu tempo sendo mulher de aço e flor, impecavelmente mãe, ininterruptamente filha;
um irmão de sacrifícios muitos, pai de cinco filhos, herói no trabalho braçal; o pai um senhor que segue embriagado de lembranças, refém de ausências.

Eu, um outro, sigo enfrentando as ondas do mar que me habita.
Por vezes represo emoções, forço o ouvido para escutar o som do meu riacho, arregalo os olhos para enxergar a jovialidade da mulher de aço e flor, a sobriedade daquele homem que me fez filho; daquele irmão de sacrifícios muitos.

Há um mar aqui dentro de mim, se chama SAUDADE. Saudades do que vivi, do que não vivi e do que gostaria de viver. Às ondas tenho um pedido: tragam de volta aquele menino com pedras pretas e lisas nas mãos, com visão rejuvenescida para crescer com as dores dessa vida.

REMINISCENCES

A stream, black and smooth stones, crystalline waters that flowed there today Run down the face of this grown boy. Growing up is a gift,
Perceiving oneself as an adult trample on a soul that is truly aged by the pains of this life.

Humble house, stream, waters, stones, portraits of other eras, of other lands. In the garden, Some roses, mother's hearts, vines, begonias; in the yard, peach trees, Indian grapes,
Thirsty red earth, studded with absences; in the small paddock, a cow that, in times of crisis, Became a bargaining chip; in the small field, plantations of corn, beans, squash and pumpkins; in the daily effort, the struggle for life.

The stream became sea, its waves scream inside my chest. I look at that family: an elderly woman who spent her time being a woman of steel and flower, impeccably mother, uninterrupted daughter; a brother of many sacrifices, father of five children, hero in manual labor; the father, a man who remains drunk on memories, hostage to absences.

I, someone else, continue facing the sea waves that inhabits me. Sometimes I hold back Emotions, I push my ear to hear the sound of my stream, I widen my eyes to see the youth of The woman of steel and flower, the sobriety of that man who made me a son, that brother of Many sacrifices.

There is a sea here inside full of nostalgia. I miss what I lived, what I did not live and What I would like to live. To the waves, I have a request: bring back that boy with black and Smooth stones in his hands, with a rejuvenated vision to grow with the pains of this life.

O SABIÁ

Marcos Antonio Leonetti

VOCÊ Sabiá QUE EU Sabiá QUE A BIA
NÃO Sabiá QUE O SABIÁ Sabiá ASSOBIAR
NO MEU QUINTAL TEM UM PÉ DE LARANJEIRA
LARANJA LIMA, LARANJEIRA, LARANJAL
ONDE UM DIA UM SABIÁ QUE É LARANJEIRA
FEZ O SEU NINHO E COMEÇOU A NAMORAR
DEPOIS DE UM TEMPO ALGUNS OVOS SE QUEBRARAM
E OS FILHOTES COMEÇARAM A PIAR
PIA DAQUI, PIA DE LÁ, PIA DE MONTE
HAJA COMIDA PRÁ ESSA TURMA SOSSEGAR...

THE SABIÁ

THE SIXTH SICK SHEIK'S
SIXTH Sabiá'S SICK.
IN MY BACKYARD, THERE IS AN ORANGE TREE.
PALESTINIAN SWEET LIME, ORANGE TREE, ORANGE LAND
WHERE ONE DAY A Sabiá THAT IS ORANGE
MADE ITS NEST AND STARTED DATING.
AFTER SOME TIME, SOME EGGS HACKED
AND THE NESTLING STARTED TO TWEET
TWEET HERE, TWEET THERE, TWEET A LOT
ONLY A LOT OF FOOD WOULD APPEASE...

JUNHO

Maria da Paz de Sousa

Os ventos de junho
Me trazem lembrança
Do doce perfume
Da minha infância

Cajueiros florindo
O vento soprando
A poeira subindo
E eu cantarolando

Corria entre os campos
Do velho engenho
Segredava planos
Tão belos e ingênuos

E a noite tremia
Com as velhas histórias
Que a gente ouvia
Sentados em rodas

Que doce é sentir
Quão bom é lembrar
Do alegre existir
Naquele lugar.

JUNE

The winds of June
Bring me memory
Of the sweet perfume
From my childhood.

Cashew trees in bloom,
The wind blowing,
The dust rising,
And me humming.

I used to run in the fields
From the old mill,
Whispered plans
That were so beautiful and naïve.

And the night trembled
With the old stories
That we heard,
Sitting in circles.

How sweet it is to feel
How good it is to remember
Of the joyful existence
In that place.

SAUDADES DE VOCÊ

Maria José M. Sampaio

Sonhos, devaneios, certezas, ilusões, fantasias
Assim, durante anos, eram meus dias.
Para muitos, éramos um casal perfeito
Entre nós, apenas a certeza do querer bem,
A admiração, o respeito, a alegre companhia,
Para preservar a amizade e viver com alegria,
Até que, finalmente, a fantasia tornou-se realidade,
Você acordou, e permitiu-se amar com intensidade;
Enchemo-nos de felicidade,
Vivenciamos intensa lua de mel,
Dançávamos ao som dos nossos corações,
Vestidos das fantasias de Adão e Eva, os corpos molhados
Naquele lindo salão, cheio de espelhos, luzes e cores
Brindávamos e comemorávamos a certeza do nosso amor.
Até que seus bom dia e boa noite, transformaram-se em boa sorte,
Ainda sinto o gosto do abandono, do engano, até da morte.
Volto para o mundo dos sonhos cheia de experiencias,
Levo comigo o labirinto que tecemos,
Na certeza de que o amor
Perpetua-se na saudade dos momentos felizes.

MISSING YOU

Dreams, daydreams, certainties, illusions, fantasies.
So, for years, those were my days.
For many, we were a perfect couple.
Between us, only the certainty of wanting well,
The admiration, the respect, the joyful company,
To preserve friendship and live happily
Until finally fantasy came true,
You woke up and allowed yourself to love with magnitude;
We are filled with happiness,
We experienced intense honeymoon,
We danced to the sound of our hearts
Wearing Adam and Eve costumes, wet bodies
In that beautiful hall, full of mirrors, lights and colors,
We toasted and celebrated the certainty of our love.
Until your good morning and good night turned to good luck,
I still taste abandonment, deceit, even death.
I return to the dream world full of experiences,
I take with me the maze we created,
In the certainty that love is
Perpetuated in the longing for happy moments.

MULHER, MÃE, MISSIONÁRIA

Maria José M. Sampaio

Amélia Santiago Monteiro,
Tão forte quanto teu nome, tua personalidade.
Na escola da vida, eras autoridade;
As dificuldades sucumbiam diante da tua fé
Como Mãe, Missionária e grande Mulher.
Quando criança, alguns costumes da época eram sofrimento
Aos 13 anos, acertaram teu casamento,
Noivaste aos 15 anos, e aos 17, casaste,
João Alves Monteiro foi o felizardo.
Junto a onze filhos, das trincheiras do Marajó,
Para Oeiras do Pará, e finalmente Ananindeua,
Tua história de luta, primeiro Deus, depois a labuta.
A fé conduzia teus passos e criava espaços
Todos sentiam-se acolhidos como parentes,
Socorrias as crianças, os idosos e os doentes,
Além de remédios, higiene, alimentação, oração e lazer,
Era interação, alegria e responsabilidade,
Tua missão era fazer o bem sem olhar a quem;
A saudade te mantém viva entre nós,
Pelos cantos dos sabiás, ainda ouvimos tua voz.

WOMAN, MOTHER, MISSIONARY

Amélia Santiago Monteiro,
As strong as her name, her personality.
In the school of life, she was authority;
Difficulties succumbed to her faith
As a Mother, Missionary and Great Woman.
As a child, some customs of the time were suffering.
At 13, they arranged her a marriage,
She got engaged at 15, and at 17, she got married,
João Alves Monteiro was the lucky one.
Along with eleven children, from the trenches of Marajó,
To Oeiras do Pará and finally Ananindeua,
Her story of struggle, first God, then the toil.
Faith guided her steps and created spaces.
Everyone felt welcomed like relatives,
She helped the children, the elderly and the sick,
In addition to medication, hygiene, food, prayer and leisure,
It was interaction, joy and responsibility,
Her mission was to do good without looking at who;
Longing keeps her alive among us,
Through the songs of the sabiás, we still hear her voice.

FRAGMENTOS

Marilda Silveira

Hoje, depois de tanto tempo
doída de saudade
fui te procurar
busquei em cada esquina
dos meus pensamentos
a melhor maneira de te encontrar
foram tantos nossos bons momentos
que é quase impossível poder resgatar
qual melhor instante
ou doces palavras
que possam de verdade nos representar
coloquei então na minha vitrola
aquela música
que abraçados ouvimos
certa vez tocar
foi momento mágico poder descobrir
que essa distância nada mudará
estarás em mim pela eternidade
até o dia de te reencontrar!

PIECES

Today, after so long
Missing you so much,
I went looking for you.
I searched every corner
Of my thoughts
The best way to find you.
There were so many of our good times
That it is almost impossible to be able to rescue
What better moment
Or sweet words
Can really represent us
I then put it on my record player to play
That song
That hugging each other we listened
Once play.
It was a magical moment to discover
That this distance nothing will change,
You will be with me for eternity
Until the day I meet you again!

QUARTO LILÁS

Marisa Prates

O quarto lilás permanece
O quarto lilás é dela desde sempre
Tem sua alma, sua luz, sua sede de vida
Tem seu sossego, seus transtornos, sua inquietação permanente
Transborda sua sensualidade, suas incertezas
Suas borboletas, sua serpente
O quarto lilás já não lhe pertence
Mas veste suas roupas, tem seu cheiro
Nas suas visitas lhe é cúmplice
Nas memórias, e no aval da ida e do retorno
Guarda segredos, choro, risos, alaridos de amigos
Na estante lhe aguardam livros e mimos
De histórias bonitas de tempos idos
Bichos de pelúcia dormitam empoeirados
Embalados pela lembrança de seus afagos
O quarto lilás insiste em ficar
Aguardando sua menina crescida voltar
Trazendo bagunça de vida, novos segredos
O quarto lilás abraça a saudade dela pela casa toda

LILAC BEDROOM

The lilac bedroom remains,
The lilac bedroom has been hers forever.
It has her soul, her light, her thirst for life.
It has her peace, her troubles, her permanent restlessness.
It overflows her sensuality, her uncertainties,
Her butterflies, her snakes.
The lilac bedroom no longer belongs to her,
But wears her clothes, has her scent,
In her visits, it is her accomplice,
In the memories and in the guarantee of going and returning,
It keeps secrets, crying, laughter, friends' fuss.
On the bookshelf, she stores books and gifts
Of beautiful stories of times gone by.
Stuffed animals snooze in dust,
Lulled by the memory of her caresses.
The lilac bedroom insists on staying
Waiting for its big girl to arrive,
Bringing mess to life, new secrets,
The lilac bedroom embraces her longing throughout the house.

SEMENTE DA SAUDADE

Marisa Toth

Quando, sem você se dar conta, num piscar de olhos, um sentimento te invade a alma

Você fica sem chão, lutando para não acreditar...

Principalmente quando este amor está muito além do que você possa alcançar...

Mas a vida te surpreende e te presenteia com a reciprocidade deste sentimento...

e você transborda teu oceano, mergulhando neste mar que tanto mistério encerra...

e você vive este amor como se fosse o ar que respira...

Torna-se o sentimento mais lindo e puro que se possa imaginar

Tão forte e profundo, que se acabasse o mundo

Permaneceria abraçada ao teu amor por toda a eternidade

E onde canta o sabiá, é lá onde quero estar e poder agradecer

o teu cuidar por mim, a tua preocupação em me ver bem

As orações junto ao pai para não ceifar-me a vida

Permitir que ainda desfrute da tua companhia...

Que continuemos lutando para sermos melhores que ontem...

que continuemos dividindo nossos sonhos e conquistas...

que os abraços e os olhares que tocavam a alma nos encontrem de novo...

que continuemos somando mais amor aos nossos dias...

que a SAUDADE do que fomos ontem e do que vivemos tão intensamente...

seja para sempre o fruto da nossa mistura homogênea e que o amor seja nossa semente

que florescerá eternamente, sobrevivendo aos desencontros, infinitamente.

NOSTALGIA SEED

When, without you realizing it, in the blink of an eye, a feeling invades your soul,
You are without ground, fighting not to believe...
Especially when this love is far beyond what you can achieve...
But life surprises you and presents you with the reciprocity of this feeling...
And you overflow your ocean, diving into this sea that contains so much mystery...
And you live this love as if it were the air you breathe...
It becomes the most beautiful and pure feeling that you can imagine
So strong and deep, that if the world ended,
I would remain hugged to your love for all eternity
And where the sabiá* sings, that is where I want to be and be able to thank
Your care for me, your concern to see me well
Prayers with the Lord not to take my life
Allow me to still enjoy your company...
May we continue fighting to be better than yesterday...
May we continue to share our dreams and achievements...
May the hugs and the
Looks that touched the soul find us in new...
May we continue to add more love to our days...
May the NOSTALGIA of what we were yesterday and of what we live so intensely...
Be forever the fruit of our homogeneous mixture and may love be our seed
That will bloom eternally, surviving the disagreements infinitely.

MEMÓRIA INFINDA SEMPRE CIRCULA N'ALMA

Marta Xavier (GTDS)

Saudade do ventre, do peito quente,
Do abraço forte e da mão que dava o norte para não me perder por aí.
Do abrigo materno de quem não tinha terno para exibir.
Como leoa, mordia meus prantos para que eles não fizessem morada ali.
Abria os horizontes com suas preces
Que, ainda eternas, residem em mim.

INFINITE MEMORY ALWAYS CIRCULATES IN THE SOUL

I miss the belly, the hot chest,
The strong hug and the hand that gave the north so I would not get lost there.
The maternal shelter of those who did not have a suit to show.
Like a lioness, I bit my tears so they would not live there.
Open the horizons with your prayers
That, still eternal, reside in me.

O INSTINTO

Mauro Felippe

Voa
Segue teu instinto
Para consolar a prole
Que te espera.

Teu cônjuge jaz
Devorado
No próprio ninho
Sem piedade.

Remanesceste, junto aos teus
Sobrevivam!
Ensina o primeiro voo aos pequenos
Para entenderem o destino.

Vive
Restou ainda teu velho ninho
Que outrora foi pesadelo
Mas que te dará a sobrevida.

INSTINCT

Fly,
Follow your instinct
To console the offspring
That awaits you.

Your spouse lies
Devoured
In his own nest
Without mercy.

You remained, next to yours,
Survive!
Teach your little ones their first flight
To understand fate.

Live!
Your old nest still remains
That was once a nightmare,
But that will give you survival.

PRAIA DA URCA

Mayanna Velame

As areias da Praia da Urca
Uma vez guardaram para si,
Meus passos de criança.

A menina que um dia fui,
A felicidade já não alcança.
Tenho saudades desse tempo,
Quando o horizonte era cenário
E a infância amiga do vento.

A correr contra o Sol,
A lembrança inflama
A fotografia que a saudade declama.

As areias da Praia da Urca
Uma vez guardaram para si,
A menina que sou
E a que restou de mim.

URCA BEACH

The sands of Urca Beach
Once kept to themselves
My child steps.

The girl I once was,
Happiness no longer reaches.
I miss those times,
When the horizon was scenery
And childhood, friend of the wind.

Running against the sun,
The memory ignites,
The photograph that nostalgia declaims.

The sands of Urca Beach
Once kept to themselves,
The girl that I am
And the one that has left of me.

O SANHAÇU

Miguel de Souza

Se quem canta mais belo é o sabiá
e há mistério no do uirapuru!
Em matéria de beleza não há
quem seja mais bonito que o sanhaçu!

Suas plumas são tão fofas a ornar
os ares do Brasil de Norte a Sul!
Com matiz, com misturas a voar
nas malhas tão profundas do céu azul!

Suas penas azuis, acinzentadas
só podem mesmo ser assim pintadas
pelo pintor de todos os pintores!

Que em tudo quanto há na natureza
Ele pintou com graça e com beleza,
tudo, enfim, com as suas lindas cores!

THE SANHAÇU

If the one who sings most beautifully is the sabiá,
And there is mystery in the uirapuru one,*
In terms of beauty,
*There is no one more beautiful than the sanhaçu**!*

Its feathers are so fluffy to decorate
The airs of Brazil from North to South!
With hues, with mixtures flying
In the nets so deep of the blue sky!

Its blue, gray feathers
Can only be painted like this
By the painter of all painters!

That in all that is in nature,
He painted with grace and beauty,
Everything, in short, with its beautiful colors!

---

*Uirapuru is a bird native to South America, and in Brazil, it can be found in almost the entire Amazon rainforest; **Sanhaçu is a beautiful bird found in several countries in South America, mainly in Brazil, which has very interesting characteristics and behavior.

O CANTO DO SABIÁ

Miguel de Souza

Que coisa linda! Lá na fímbria do galho
de um majestoso e belo arvoredo,
o sabiá com seu canto-enredo
revela a todo mundo seu agasalho.

E eu, com tanta beleza, me quedo
diante do seu canto nunca falho
com seus tons, semitons sem atrapalho
a qualquer hora: tarde ou muito cedo.

Quem só se preocupa em ser ouvinte
pensa que, pelo menos, uns vinte
pássaros com tonalidades mil,

cantam àquele instante-poesia...
E não foi à toa que Gonçalves Dias
te cantou com saudades do Brasil!

THE SONG OF SABIÁ

What a beautiful thing! There, at the edge of the branch
Of a majestic and beautiful grove,
The sabiá, with its song-plot,
Reveals its coat to everyone.

And I, with so much beauty, stand
In front of your song, I never fail.
With your tones, without semitones, I get in the way
Anytime: late or very early.

Who only cares about being a listener,
Thinks that, at least,
There are about twenty birds with a thousand shades,

They sing to that instant-poetry...
And it was not for nothing that Gonçalves Dias
Sang missing Brazil!

SEM SAUDADES

Misael Pulhes

Saudades de quando,
sentado na varanda,
sentia eu saudades da infância,
quando o puro piar do sabiá
encantava.

Dos dias da juventude,
restam só as lembranças
dessas saudades antigas.

E, enfim, viverei os últimos anos
sem saudades das saudades,
nem saudades deste tempo,
em que a saudade
deu adeus.

NOT MISSING IT

I miss when,
Sitting on the porch,
I missed my childhood,
When the pure song of the sabiá
Enchanted me.

From the days of youth,
Only the memories
Of those old days remain.

Anyway, I will live the last few years
Without missing the longing,
Nor missing this time
In which longing
Said goodbye.

SABIÁS

Nádia Bandeira

O lugar onde agora escrevo
Já foi um viveiro de pássaros.
Na minha infância
Os pássaros habitavam gaiolas
E, os afortunados, viveiros.
O sabiá sempre foi o meu preferido
Garboso, peito inflado, canto forte.
Hoje, eles me acordam
Cantando empoleirados nos fios
Invadem minha cozinha
Sobrevoam minha casa
Esperam o meu chegar
Alegro-me com eles
São os sabiás que agora vêm
Visitar-me na gaiola onde habito.

SABIÁS

The place where I now write
It was once a birdhouse.
In my childhood,
The birds inhabited cages
And, the lucky ones, nurseries.
The sabiá has always been my favorite
Gorgeous, with inflated chest, strong singing.
Today they wake me up
Singing perched on the wires
Invade my kitchen
Fly over my house
Wait for mine to arrive
I rejoice with them
It is the sabiás that now come
To visit me in the cage where I live.

VEM VOCÊ

Nadja Tavares

Certo que tua passagem
foi à velocidade da luz
Certo que não passastes de quimera
Mas essa bola amarela que flutua
te traz sem que eu peça
Vem você, vem você, vem você
Se eu pudesse, apagaria a lua
O negrume do céu faria a minha solidão menos nua.

YOU COME

Nadja Tavares

I know your passage
Was at the speed of light
I know you were nothing more than a chimera,
But that yellow ball that floats
Brings you without my asking
You come, you come, you come
If I could, I would erase the moon
The blackness of the sky would make my loneliness less naked.

A CASA DOS MEUS AVÓS

Patrícia Calegari

Hoje a lembrança deu a mão para a saudade
Resolveu falar de amor, de ternura e amizade
Aconchego que bateu asas, foi para longe
Para o lugar que ainda não vemos
Apressado, demorado ou inesperado, para além do vento
Lembrança e saudade que tem nome, que escreveu história...
Avó Maria
Fui a única neta que seu colo conheceu, privilégio meu.
Avô Antônio
Sua mercearia era como um parque de diversões
E no dia de ir embora eu ganhava o melhor doce da vitrine
Seguido de todos os outros que cabiam no saquinho de papel.
Avó Helena
Que saudades dos almoços de domingo
A mesa rodeada pelos primos e o melhor doce de leite do mundo.
Avô Ovídio
Eu gostava de ficar com ele na horta e no pomar
E ouvir o cantar do sabiá no alto da laranjeira.
Quem dera minha homenagem chegasse ao céu numa poesia
E abraçasse aqueles que permanecem no coração e nas minhas lembranças de menina.

MY GRANDPARENTS' HOUSE

Today, the memory held hands with a feeling of nostalgia
It decided to talk about love, tenderness and friendship
Coziness that flapped its wings, went away
To the place we still do not see
Rushed, slow or unexpected, beyond the wind
Memories and nostalgia that have a name, that wrote history...
Grandmother Maria,
I was the only granddaughter her lap knew, my privilege.
Grandfather Antônio,
Your grocery store was like an amusement park
And on the day I left, I got the best candy in the window,
Followed by all the others that fit in a paper bag.
Grandmother Helena,
I miss Sunday lunches
The table surrounded by cousins and the best milk jam in the world.
Grandfather Ovídio,
I liked to stay with you in the vegetable garden and in the orchard
And hear the song of the sabiá in the top of the orange tree.
I wish my homage would reach heaven in poetry
And embrace those who remain in my heart and in my childhood memories.

QUE ENTRE O SOL

Pedro Spósito

Houve um tempo em que todas
as portas e janelas estavam abertas.
Um tempo em que podíamos correr,
livres, respirando um ar mais puro.

Era um tempo em que um abraço fraterno,
e o encontro tão carinhoso de duas mãos,
transmitiam todo o calor de um sentimento
e não representava um risco, um perigo.

O sol brilhava, o vento balançava as folhas,
os pingos da chuva tocavam nossos rostos,
tão ternamente, que sentíamos, ali, que
a vida pulsava diretamente em nossas mãos.

De repente, o mundo parou em um instante.
As portas e janelas foram trancadas, o perigo
estava no ar, as pessoas se afastaram e o dia
não mais era ensolarado, ficou escuro, nublado.

Quero abrir as janelas, de novo, e respirar o ar puro.
Quero sentir a chuva molhar meu rosto, quero receber
aquele abraço tão terno e quente de um amigo querido,
quero sentir a vida vicejar em minhas próprias mãos.

LET THE SUN IN

Houve um tempo em que todas
as portas e janelas estavam abertas.
Um tempo em que podíamos correr,
livres, respirando um ar mais puro.

Era um tempo em que um abraço fraterno,
e o encontro tão carinhoso de duas mãos,
transmitiam todo o calor de um sentimento
e não representava um risco, um perigo.

O sol brilhava, o vento balançava as folhas,
os pingos da chuva tocavam nossos rostos,
tão ternamente, que sentíamos, ali, que
a vida pulsava diretamente em nossas mãos.

De repente, o mundo parou em um instante.
As portas e janelas foram trancadas, o perigo
estava no ar, as pessoas se afastaram e o dia
não mais era ensolarado, ficou escuro, nublado.

Quero abrir as janelas, de novo, e respirar o ar puro.
Quero sentir a chuva molhar meu rosto, quero receber
aquele abraço tão terno e quente de um amigo querido,
quero sentir a vida vicejar em minhas próprias mãos.

SODA ITALIANA, VINIL, CAETANO

Pérsida Pereira da Silva

Fazíamos, naquelas noites, nossas sodas italianas.

Não bebíamos, como a maioria dos jovens. Precisávamos estudar e estar sóbrios.

Da coleção de vinil, tirávamos Caetano e ali na pequena sala aconteciam nossas festas particulares: a soda italiana de maçã verde nos acompanhava até a madrugada.

Pensávamos que seríamos professores, mas eu virei artista e você maquinista de trem.

Fomos por caminhos diferentes, paramos em diversas estações.
Não soubemos mais um do outro: perdemo-nos pelas curvas da vida.

Ficaram as lembranças do toca-discos, da soda italiana e de Caetano.

Wando é seu filho. Mas não quero incomodar seu destino. Você dizia que queria ser livre.

A madrugada está quente, Wando está morando na Europa. Estou sozinha neste apartamento. Quatro pedras de gelo na soda italiana, vinil, Caetano.

Engraçado que sua lembrança parece tão recente. Sei que nas suas lembranças eu não permaneci.

Essas memórias ficaram guardadas dentro e fora de mim: Wando faz parte delas.

Nós mulheres somos figuras inocentes: acreditamos no amor dos homens. Eles fingem que amam. E nós não fingimos que acreditamos.

Memórias de uma época que eu, jovem menina, achava que tudo durava para sempre.

Mas não: numa manhã, deixamos o apartamento bege, vendemos os pertences e cada um seguiu seu destino. Eu, em prantos.

ITALIAN SODA, VINYL, CAETANO

We used to make our Italian sodas on those nights.

We did not drink like most young people. We needed to study and be sober.

From the vinyl collection, we listened to Caetano and there, in the small room, our private parties took place: Italian green apple soda accompanied us until dawn.

We thought we were going to be teachers, but I became an artist and you became a train driver.

We took different paths, stopped at different stations. We did not know each other anymore: we got lost in the curves of life.

The memories of the record player, the Italian soda and Caetano remained.

Wando is your son, but I do not want to disturb your fate. You said you wanted to be free.

The dawn is hot, Wando is living in Europe. I am alone in this apartment. Four ice cubes in Italian soda, vinyl, Caetano.

Funny that your memory seems so recent. I know that in your memories I did not remain.

These memories were kept inside and outside me: Wando is part of them.

We women are innocent figures: we believe in men's love. They pretend they love, and we do not pretend we believe them.

Memories of a time when I, as a young girl, thought everything lasted forever.

But no, one morning, we left the beige apartment, sold our belongings, and went our separate ways, and I cried.

SAUDADE É ISSO...

Raquel Guedes Vieira

Saudade de olhar a chuva e
de sentir o cheiro de terra
Molhada, em companhia
da paz.
De acordar sem pressa e
ter todo o tempo do mundo.

Saudade de sair no quintal
e observar calmamente o
céu.
De pegar amora do pé
no caminho da escola.

De olhar nos olhos pretos
como jabuticaba da doce
menina doguinha mais
amorosa do mundo.

Saudade é isso...
Momentos que são só registrados
na memória da gente.

THAT IS WHAT IT IS LIKE TO MISS...

I miss looking at the rain and
Smelling wet earth
In the company of peace,
Waking up in no rush and having all the time in the world.

I miss hanging out in the backyard
And calmly observe the sky.
Picking up blackberries
On my way to school.

Looking into black eyes
Like sweet jaboticaba*
The sweetest little dog girl in the world.

That is what it is like to miss...
Moments that are only recorded
In people's memory.

---

* Jaboticaba is a thick-skinned berry and typically measures 3–4 cm in diameter. The fruit resembles a slip-skin grape.

SER SAUDADE

Raquel Martins Pereira

A saudade se personalizou e saiu pra passear
Por onde passou
Grande dor deixou!

Tudo o que já senti talvez já nem sinta mais!
Saudade é um sentimento que de tão puro engrandece a alma!
O que fazer com essa saudade que me aproxima de mim?

Essa palavra tão insana
Tão triste e que me incendeia
Queima por dentro
Reconstrói minha essência

De tudo o que um dia foi
Mas que hoje não existe mais!
Preciso me refazer
Preciso me reencontrar!

Um dia quando me for
Deixarei nos versos que fiz
Uma saudade serena
De uma pessoa feliz!

Sinto saudades de mim!

BEING LONGING

Longing dressed up and went for a walk.
Where it did go,
Great pain left!

Everything I have ever felt may not even feel anymore!
Longing is a feeling that is so pure it uplifts the soul!
What to do with this longing that brings me closer to myself?

That word so insane,
So sad and that sets me on fire,
Burns inside,
Rebuilds my essence.

All that once was,
But today it no longer exists,
I need to remake myself,
I need to find myself again!

One day, when I am gone,
I will leave in the verses I made,
The serene longing
Of a happy person!

I miss me!

CANTA, CANTA SABIÁ

Rejane Araújo

Puxa o fio
da saudade
conta notas de pesar.

A ausência trama rio
tece mar.

Canta, canta sabiá.

Urde a linha
das lembranças
canta sol e canta lá.

A memória borda versos
nuvens leves pelo ar.

Canta, canta sabiá.

Alinhava o cordel
das fantasias
cantarola ao luar.

A vida fia sonhos
alegro com teu cantar.

Canta, canta sabiá.

SING, SING, SABIÁ

Pull the thread
Of longing,
Count regret notes.

Absence brews river
And weaves sea.

Sing, sing, sabiá.

Intertwine the line
Of memories
Sing G, sing A.

Memory embroiders verses,
Light clouds through the air.

Sing, sing, sabiá.

Lined up the twine
Of fantasies,
Singing in the moonlight.

Life makes dreams
I rejoice with your singing.

Sing, sing, sabiá.

DOS ESPAÇOS VAZIOS

Roberta Lantyer

Aproveito o espaço na cama.
E o silêncio só meu.

Sou boa companhia pra mim.

Mas a sua ausência está
em cada pedaço da casa.

Em cada xícara de café quebrada,
Em cada brisa que toca minha pele,
mandando lembranças do calor da sua.

A sua ausência está na melodia solo da risada não compartilhada.

Ela se deita bem ali na rede da sala,
que displicente balança.
Como se não soubesse do peso que carrega.

EMPTY SPACES

I take advantage of the space in bed
And the only mine silence.

I am a good company for myself.

But your I feel your absence
In every part of the house.

In every broken cup of coffee,
In every breeze that touches my skin,
Sending regards from the warmth of yours.

Your absence is in the solo melody of unshared laughter.

She lies down right there in the living room hammock,
Which nonchalantly shakes,
Like it does not know the weight it carries.

VERÃO EM ARACAJU

Ronaldson (SE)

Começa mais cedo
o verão em minha terra.
O sol, ova bela dos trópicos,
brota das plantas,
da raiz e seus submersos
e os coqueiros espanam o céu
com suas cabeleiras luzentes
cheias de vento e lâminas de gel.

O verão de Aracaju
nasce polpudo
numa luz sólida
e amarela
parida de um caju sideral
imenso
etéreo
que cobre todo o litoral.

Uma luz diferente
puríssima
– *gaitchosa* –
tomando tudo
na cadência do falar brejeiro
de matéria grossa e pastosa
cheia de veios de encandeios
a gotejar sem fim
raio a raio

sobre a mansidão do poxim.

SUMMER IN ARACAJU

Summer in my land
starts earlier.
The sun, beautiful spawn of the tropics,
springs from plants,
from the root and its submerged,
and the coconut trees dust the sky
with their shining hair
full of wind and gel blades.

Summer in Aracaju
is born pulpy
in solid and
yellow light
born to a sidereal cashew.
immense,
ethereal,
covering the entire coast.

A different light
really pure
– comical –
taking it all
in the cadence of hulking talk,
thick and pasty matter,
full of dazzling veins,
endlessly dripping
ray by ray

about the meekness of the beach of poxim.

EPIFANIA

Rosana Barroso Miranda

Onde canta o Tuim? O Irré? O Tiziu? O Juriti? O Suiriri?
Por onde voa a Saíra? O Pitiguari? O Quiriquiri? O Araçari?
Que cores tem as penas da Jacutinga? Do Sanhaço? Do Flautim?
Se buscas respostas assim, não perguntes.
Nas mãos humanas nada disso encontrareis.
Tampouco entre grades essa fauna se revela.

Se quiseres ver a Saracura, o Curutié, o Arapaçú...
O Tangará, o Urutau, o Macucú...
Faz o silêncio que nas alturas as árvores cantam...
Fiques inerte como as folhas que no vento ruflam...
Cries a imobilidade acolhedora de um quintal...
Sejas imortal como uma cidade antiga...
Conserva tua Alma vasta como um casarão ancestral...
Pois só a imensidade dos cumes e das brisas
Podem trazer seres alados, epifânios, transitórios...

E quando, então, num lampejo avistares
Essas tantas aves reveladas nos beirais
Permaneças nessa distância angular
Aí saberás, neste instante, que boniteza não tem dono nem lugar.
Beleza voa, e é só revelação.

EPIPHANY

Where does the Tuim sing? And the Irré? The Tiziu? The Juriti? The Suiriri?
Where is the Saira flying? The Pitiguari? The Quiriquiri? Araçari?
What colors are the Jacutinga's feathers? And the Sanhaço's? The Flautim's?*
If you are looking for answers like that, do not ask.
In human hands, you will find none of this.
Nor is this fauna revealed between bars.

If you want to see the Saracura, the Curutié, the Arapaçu...
The Tangará, the Urutau, the Macucú...
Be silent, because in the heights of the trees they sing...
Be inert like the leaves that rustle in the wind...
Create the cozy stillness of a backyard...
Be immortal like an ancient city...
Keep your vast soul like an ancestral house...
Because only the immensity of the peaks and the breezes
May bring winged beings, epiphanies, transients...

And when, in a flash, you see
These so many birds revealed in the eaves
Stay in that angular distance,
Then you will know, in this instant, that beauty has no owner or place.
Beauty flies, and it is just revelation.

CADÊ O SABIÁ?

Rosiane S. Coelho

Olha que coisa mais bela!
A saudade batendo na minha janela.
Ela entra, senta, conta e relembra
Fatos do meu tempo de moleca.
A pular que nem perereca.

Tempo de mata verde, verdinha!
Que por aqui antes tinha...
Mas agora restam apenas cinzas!
Água limpa.
Que fartura!
Não é como hoje,
Regrada, uma penúria!
Frutas, flores, pássaros
De muitas cores
E várias formas.
Mas que por hora
São poucos
E cheios de venenos...

E cadê aquele sabiá?
Que cantava todas as manhãs sem parar.
Por onde andará?
Será que ainda voltará?!

Por hora, só resta a saudade
A lembrar de outrora!
Mas já se despedindo e indo embora...

WHERE IS THE SABIÁ?

Look what a beautiful thing!
Nostalgia knocking on my window.
It enters, sits, tells and remembers
Facts from my childhood.
When I jumped like a frog.

Green forest time, really green!
That used to be around here...
But now only ashes remain!
Clean water.
What a plenty!
It is not like today
Ruled, a shortage!
Fruits, flowers, birds
Of many colors
And many shapes.
But that for now
Are few
And full of poisons...

And where is that sabiá
That sang every morning without stopping?
Where did it you go?
Will it ever come back?!

For now, all that is left is nostalgia
Of remembering the past!
But already saying goodbye at last...

MAF

Samira Amarildo

Queria estar perto
Queria poder ter mais uma vez
Queria mais tempo
Você não está aqui

A duras penas aprendi
Que tudo tem seu tempo
Não posso ser pequena
E desejar mais tempo

Você é grande
Você é claridade
Você é meu auge
Meu eterno professor

Obrigada por me aceitar
Assim, pequena

E carregada de tantos nós
De tantas amarras
Que a vida me prendeu
O tempo será o suficiente
Quando for compreendido

MAF

I wanted to be close
I wish I could have one more time,
I wanted more time
You are not here.

I learned the hard way
That everything has its time.
I cannot be small
And wish for more time.

You are big,
You are clarity,
You are my peak,
My eternal teacher.

Thanks for accepting me
So small.

And loaded with so many knots
Of so many ties that life traped me
Time will be enough
When it is understood.

UMA REDE, UM SORRISO, UMA VIDA...

Sandro Gallina

Era apenas início de namoro,
você na rede, lendo um livro qualquer,
Trocando olhares, cada vez mais apaixonados.
Aquele era o nosso mundo...

O tempo passou e a nossa vida prosperou...
Montamos uma família amorosa e maravilhosa.
Uma nada perfeita família, mas era a nossa família.
Foram décadas de amor recíproco e de uma vida boa...

A vida nos ensinou a mais dura das lições:
a perda faz parte de estar vivo!
A dor ensina, o amor conforta e a vida segue.
Com o tempo, aprendemos a lidar com a perda e a ter saudades.

Saudades da nossa família, da nossa vida, mas, principalmente
do meu sorriso, impossível de segurar,
que aparecia sempre que lhe via e eu pensava:
"Obrigado por fazer parte da minha vida."

A HAMMOCK, A SMILE, A LIFE...

It was just the beginning of dating,
You in the hammock, reading some book,
Exchanging glances, more and more in love.
That was our world...

Time passed and our life prospered...
We built a loving and wonderful family.
A less than perfect family, but it was our family.
It was decades of reciprocal love and a good life...

Life has taught us the hardest of lessons:
Loss is part of being alive!
Pain teaches, love comforts and life goes on.
Over time, we learn to deal with loss and to miss people.

I miss our family, our life, but mostly
My smile, impossible to hold,
That appeared whenever I saw you and I thought,
"Thank you for being part of my life".

SAUDADES DE LÁ

Sirlei Freitas

Era uma vez lá na infância.
Já faz tanto tempo, ainda me lembro
e que saudades que dá.
O silêncio era feito de risos e cantos,
do som do rio vazando lá na grota
e do batucar do monjolo preguiçoso
socando o arroz em câmera lenta.
Ao longe, um machado rasgando a lenha
e aqui bem perto no terreiro bem varrido
a peneira de taboca subindo e descendo
descendo e subindo em mestras mãos
separando do farelo e quirelas, o arroz bão.
No sabugueiro branco em flor, a Juriti,
na mexeriqueira, o sabiá e o colibri
e, na cerca, o alcoviteiro bem-te-vi
esperando a sobra da socagem
disputando com as galinhas a ciscagem
do que a minha mãe jogava ali no chão
e, de papo cheio, voltavam para seus galhos
onde o sabiá cantava a mais linda canção.

MISSING THERE

Once upon a time in childhood.
It has been so long, I still remember
And I miss it.
Silence was made of laughter and singing,
The sound of the river leaking there in the grotto
And the drumming of the lazy monjolo
Grinding the rice in slow motion.
In the distance, an ax cutting woods
And here very close, in the well-swept plot,
The straw sieve going up and down,
Going down and up through expert hands
Separating the good rice from the grifts and the crumbs.
In the white elder tree in bloom, the juriti,*
In the tangerine tree, the sabiá and the hummingbird,
and, on the fence, the smart great kiskadee
Waiting for the leftover from grinding
Disputing with the hens the scratching
Of what my mother would throw there on the ground
And, with full gizzard, returned to their branches
Where the sabiá sang the most beautiful song.

*Juriti is present in almost all Brazilian territory and, therefore, it is known by several names.

SAUDADE OU AMOR?

Socorro Santos

Na cidade grande estou eu perdida
Sofrendo muito pelo que já passou
Lutando em busca da felicidade
Quero esquecer este louco amor

Como fui tola, era tão menina...
Deixei de lado meu interior
Me deparei com uma selva de pedras
Com tanta gente e ninguém me olhou

Tomei coragem e segui a vida
Troquei de pele, tudo mudou
Virei mulher e fiz da cidade grande
Abrigo para esconder a dor

O tempo passou como tudo passa
Ainda bem que ninguém notou
Que dos meus olhos corriam lágrimas
Lamentando o caminho que se formou

Hoje me restam lembranças
E ainda dói no peito aquela dor
Fecho os olhos e pergunto:
Será saudade ou amor?

NOSTALGIA OR LOVE?

In the big city, I am lost.
Suffering a lot for what has already passed,
Fighting in search of happiness,
I want to forget this crazy love.

How foolish I was, I was such a girl...
I left my countryside aside,
I came across a jungle of stones
With so many people and no one looked at me.

I took courage and moved on
I changed my skin, everything changed
I became a woman and turned the big city
Into a shelter to hide the pain.

Time passed as everything passes,
I am glad no one noticed
That my eyes were running tears
Regretting the path that was formed.

Today, I only have memories
And that pain still hurts in the chest
I close my eyes and ask:
Is it nostalgia or love?

SAUDADES

Sol Ramalho

Ouvi a música no rádio,
Lembrei-me com saudades
De onde vivi minha infância
Cantei cantiga de roda
Brinquei de cair no poço
E me deliciei com os versos
Que meu velho pai cantava,
Sinto muita saudade
De meu tempo de criança
Do cafuné na cabeça
Feito por minha vizinha Rita.
Saudades do meu vestido de chita
Dos meus longos cabelos pretos
Trançados com laços de fita.
Onde canta o sabiá
Que todos os dias à tardinha
Pousava no galho da laranjeira
Bem na porta da cozinha
Da velha casa de taipa
Lá do alto do Cruzeiro?

I MISS IT

I heard the song on the radio,
And I missed it
Where did I live my childhood?
I sang a nursery rhyme
I played fall into the well
And I enjoyed the verses
That my old father sang,
I miss a lot
When I was a kid
The head caressing
Made by my neighbor Rita.
I miss my cheetah dress,
My long black hair,
Braided with ribbon bows.
Where the sabiá sings
And every day in the afternoon
Alighted on the branch of the orange tree
Right at the kitchen door
Of the old rammed earth house
From the top of Cruzeiro?

LIVRE CANTO

Sônia Barreto Freire

Onde é lugar de todo canto
Topos da livre arte invisível
Sonoras ondas em sutil acalanto
Tonalidade afetiva em escala sensível...

Vida é serena sonoridade
Espaço de som preenchido
Movimento *alegro* de liberdade
Fuga cantada em ritmo ouvido...

Música é poema de além-mar
Onda tonal da vida em canção
Arte é ave da vida a cantar
Afecções sabiás em larga imaginação

Ecos de cantos se espalham por cá
Onde há poema há coração sabiá
Canto libertário se ouve de lá
Nos cantos da vida onde há sabiá...

FREE SINGING

Where is the place of all songs
Topos of free invisible art
Sound waves in subtle lullaby
Affective tone on a sensitive scale...

Life is serene sound
Filled sound space
Alegro freedom movement
Fuga sung in heard rhythm...

Music is a beyond sea poem
Tonal wave of life in song
Art is a bird of life singing
Sabiá affections in wide imagination.

Echoes of songs spread around here
Where there is a poem there is a sabiá heart
Libertarian singing is heard from there
In the songs of life where there is a sabiá...

SABIÁ-LARANJEIRA

Su Canfora

Saudades daquela época tão viva e presente
Que nem nos parece tão distante,
Viajávamos em família para a casa de nossas tias.
Bem distante, na palhoça, bem no meio da roça,
Em sítios com casas simples ou fazendas suntuosas
No Sul de Minas Gerais ou no interior de São Paulo.
Que festivas lembranças daqui, dali, lá ou acolá,
É audível na memória o canto do sabiá.
Tão comum nesses rincões
Eram as pinguelas sobre riachos, os banhos de cachoeira,
Bolinho de chuva, pamonha, broa de milho, bolo de fubá,
O bom café, a água na chaleira sobre o fogão a lenha,
Passeios a cavalo, charretes, carroças, tombos na lama,
Camas com colchão de palha, vacas no curral,
Frutos no pé, galinhas no terreiro, o celeiro.
Era tanta singeleza, tantas brincadeiras,
Tudo tão vivo na lembrança da eterna criança,
Pipoca estourando, os causos em volta da fogueira,
A goiabeira e o canto melodioso do sabiá-laranjeira!

SABIÁ-LARANJEIRA

I miss that time so alive and present
That does not even seem so far away,
We would travel as a family to our aunts' house.
Far away, in the shack, right in the middle of the countryside,
In ranches with simple houses or sumptuous farms
In the south of Minas Gerais or in the countryside of São Paulo.
What festive memories from here, there, yonder or over there,
The song of the sabiá is audible in memory.
So common in these distant places
It was the pieces of wood over streams, the waterfall baths,
Bolinho de chuva[*], pamonha[**], *corn bread, cornmeal cake,*
A good coffee, the water in the kettle over the wood stove,
Horse-riding, horse carts, horse carriages, mud falls,
Beds with straw mattresses, cows in the pen,
Fruits on the tree, chickens in the yard, the barn.
It was so simple, so many jokes,
Everything so alive in the eternal child's memory,
Popcorn popping, stories around the campfire,
The guava tree and the melodious song of the sabiá-laranjeira[***]*!*

---

* Bolinho de chuva is a Brazilian dessert made from flour, eggs, milk and baking powder or baking soda; **Pamonha is a traditional Brazilian food. It is a boiled paste made from sweet corn whisked in coconut milk, typically served wrapped in corn husks; ***Sabiá-laranjeira is a species variation of the thrush-song, which can only be found in South America.

SAUDADES DE ALGUMAS PÁGINAS DA VIDA

Telma Marques

Páginas nostálgicas, sempre escritas e reescritas
Com muitas alegrias
Dádivas, tristezas, euforias...
Rumos diferentes e suas belezas.
Páginas com muitas saudades manuscritas,
Rabiscadas com muito carinho
Às vezes com lágrimas
E sonhos perdidos no caminho
Páginas com pessoas e situações que ficaram registradas na memória,
Ilustres e numeradas, com apelos eróticos
De amores mal resolvidos, com nostalgia de noites com lua enamorada.
Páginas com ênfase na infância e suas passagens sublimes
De tão rico teor
E às vezes com períodos de dificuldades sucintas
Mas escritas com amor.
E agora... com a saudade aflorando, o que fazer?
Vire a página
E continue a escrever...

MISSING SOME LIFE PAGES

Nostalgic pages, always written and rewritten
With many joys
Gifts, sadness, euphoria...
Different directions and their beauties.
Handwritten nostalgia pages,
Carefully scratched,
Sometimes with tears,
And dreams lost on the way.
Pages with people and situations that were registered in memory,
Illustrious and numbered, with erotic appeals
Of unresolved loves, with nostalgia for nights with the enamored moon.
Pages with an emphasis on childhood and sublime passages
So rich in content
And sometimes with succinct periods of difficulty,
But written with love.
And now... with nostalgia surfacing, what to do?
Turn the page
And keep writing...

TEMPOS BONS

Terezinha Lorenzon

Lembrando dos tempos que não tinha lembranças.
Tempo que tinha sonhos, esperanças.
Tempo que não tinha dores.
Tempo que brincadeiras supriam nossos anseios.
Tempo que comia chocolate, doces, sem culpa, sem devaneios.
Tempo que discordâncias, disputas não produziam distâncias.
Tempo que ficar de mal era normal, e no outro dia já voltava a confiança.
Tempo que a vida seguia, fluía, todos aproveitavam a infância.
Tempo que as ruas eram seguras para o lazer das crianças.
Tempo que os maiores perigos eram os joelhos esfolados.
Tempo que era alegria ter um braço quebrado, e o gesso rabiscado.
Tempo que a tabuada tinha que ser decorada.
Tempo que tinha caderno de caligrafia, para a letra ficar caprichada.
Tempo que a amizade era cultivada.
Tempo que a solidariedade era aplicada.
Tempo que marcou minha geração, e fez homens e mulheres honradas.
Tempo que lembro com saudades... se pudesse voltar atrás, voltava.

GOOD TIMES

Remembering the times that had no memories.
Time when there were dreams, hopes.
Time when there was no pain.
Time that games supplied our yearnings.
Time when I ate chocolate, sweets, without guilt, without reverie.
Time when disagreements, disputes did not produce distances.
Time when not being on terms was normal, and the next day confidence was back.
Time that life followed, flowed, everyone enjoyed childhood.
Time when the streets were safe for children to play.
Time when the greatest dangers were skinned knees.
Time when it was joy to have a broken arm and a plaster sketched.
Time when a multiplication table had to be known by heart.
Time when I had a calligraphy notebook, for handwriting to be neat.
Time when friendship was cultivated.
Time when solidarity was applied.
Time that marked my generation, and made men and women honorable
Time I remember with nostalgia... if I could go back, I would.

ALI MORAVA O AMOR

Thaís Solano

Abri a janela das lembranças.
Encontrei um punhado de histórias
de quando corria livre em busca
das jabuticabas, que ficavam perto
de um antigo moinho.
A voz da minha mãe ecoava
aos berros me chamando.
Que gostosa lembrança
da infância,
de quando era livre
e ouvia em abundância o cantar
poético dos pássaros.
A vista, tão bonita, de uma jabuticabeira gigante
em uma granja que mais parecia um
sítio aos olhos de uma criança tão pequena,
todavia mal sabiá: ali morava o amor
e para sempre se chamaria saudade.

THERE LIVED LOVE

I opened the window of memories.
I found a bunch of stories
From when I ran free in search
Of jabuticabas,*
Which were close to an old mill.
My mother's voice echoed
Screaming calling me.
What a nice memory
From childhood
When I was free
And heard a lot the poetic song
Of the birds.
The view, so beautiful, of a giant jabuticaba tree
On a ranch that looked like a farm
in the small child eye,
Yet little did I know: there lived love.
*And forever would be called "Saudade"***

---

* Nostalgia.

CARTAGENA

Thélio Queiroz Farias

Cartagena é Gabo,
De muito amor em tempos de cólera,
Das ruas com charretes e cavalos,
De um escritor visionário.

Cartagena é Gabriel,
De amor e outros ("nosostros"?) demônios,
De suas largas muralhas,
Que protegem seus sonhos.

Cartagena é Garcia,
Aqui não existe solidão centenária,
Que ficou em sua terra de nascimento,
Nas ruas transitam encontros e alegrias.

Cartagena é Márquez,
Do coronel que ninguém escreve,
De piratas que a atacaram,
Nem os sinos de suas igrejas respeitaram.

"Plazas", paixões e mistérios, Cartagena
Prosa de um caribenho, senhor das letras,
Que descansa em "La Merced":
Gabriel José de la Concordia García Márquez.

CARTAGENA

Cartagena is Gabo,
Of much love in times of anger,
Of the streets with carts and horses,
Of a visionary writer.

Cartagena is Gabriel,
Of love and other (nosostros?) *demons,*
Of its wide walls
That protect its dreams.

Cartagena is Garcia,
Here there is no century-old solitude
That remained in its birthplace,
In the streets, encounters and happiness transit.

Cartagena is Márquez,
From the colonel that nobody writes about,
Of pirates who attacked it,
Not even the bells of their churches they respected.

Plazas, *passions and mysteries, Cartagena*
Prose of a Caribbean, lord of letters,
That rests in La Merced:
Gabriel José de la Concordia García Márquez.

SAUDADE DO QUE HÁ DE VIR

Tiago Barbosa Soares

Saudade maior já sentida, justo a que minh'alma aperta
Saudade do ainda não vivido, quão vida futura tão incerta
Saudade do Porto não bebido, saudade do terço não rezado
Saudade do verso não escrito, saudade do café não passado

Saudade do próximo setembro, quando os sabiás mais cantam
Saudade dos filhos ainda não nascidos, que entre arrulhos pombos espantam
Saudade do cemitério pintado de cal, amanhã deitado em paletó de madeira
Saudade do Céu sem igual, que busco incansável, conquanto a lombeira

Saudade maior já sentida, que a alma aperta, asfixia e faz doente
Saudade do ainda não vivido, se revolve e conjuga em tempo presente
Saudade do Porto não bebido, basta uma taça; do terço não rezado, Ave-Maria cheia de Graça
Saudade do verso não escrito, inspiração e sorte; do café não passado, pó e água, bem forte

Saudade do sabiá de setembro se resolve a cada onze meses
Saudade dos filhos não nascidos, com fé e minha esposa tento mais vezes
Saudade de cemitério, me candidato a coveiro
Saudade lá do Céu, ah... tenho de fazer por merecê-lo.

I MISS WHAT IS ABOUT TO COME

I miss more than ever, just what my soul tightens;
I miss the not-yet-lived, how uncertain future life;
I miss the undrunk Port, I miss the unpraised rosary;
I miss the unwritten verse, the unbrewed coffee.

I miss the next September, when the sabiás sing the most;
I miss the unborn children, who, between cooing pigeons, frighten;
I miss the lime painted cemetery, tomorrow passed away;
I miss the unique Heaven, which I seek tirelessly, even though feeling lazy.

I miss more than ever, which my soul tightens, suffocates and makes sick;
I miss the not-yet-lived, that revolves itself and conjugates in the present tense;
I miss the undrunk Porto, a glass is enough, the rosary not prayed, Hail Mary, Full of Grace;
I miss the unwritten verse, inspiration and luck, unbrewed coffee, powder and water, very Strong.

I miss the September sabiá that show up every eleven months;
I miss the unborn children, with faith and my wife I try more often;
I miss the cemetery, I apply for a gravedigger;
I miss Heaven, oh... I have to deserve it.

SONETO DO AMOR DERRADEIRO

Ticiano Leony

Quando eu morri de um mal súbito
Depois da melhor arrelia da minha vida,
Do etéreo via meu corpo nu em decúbito,
Sem ter tido uma morte sofrida.

Real e cruel, com certeza, eu matuto,
Que deixar o corpo físico sem aviso,
É aliviar a alma do sofrimento bruto
Que corrói o amor com golpe impreciso!

Para mim então, tudo aquilo foi nada,
Depois das preliminares e dos gemidos.
Deixei a amada por mim sublimada

Desfrutar a beleza do gozo incontido
Mesmo ficando ela irresignada
Com saudades minhas, por eu ter partido.

ULTIMATE LOVE SONNET

When I died of sudden illness,
After the best tease of my life,
From the ethereal I saw my naked body in recumbency,
Without having a suffered death.

Real and cruel for sure, I ponder
That to leave the physical body without warning
Is to relieve the soul of raw suffering
That corrodes love with an imprecise blow!

For me then, all that was nothing,
After the foreplay and the moans.
I left the beloved for me sublimated.

Enjoy the beauty of unrestrained cumming,
Even though she was nonconformist,
Missing me, for being gone.

CANTO INFINITO

Val Matoso

Revive minh'alma saudosa, tempos idos
Coração embevecido, cantos dourados
Lágrimas rolam em colares de pérolas
Frenesi, ingênuos abraços lembrados

Ressoam antigas serenatas de amor
Luzes estelares de vívidos sentimentos
Magia, risos e soluços, doces lembranças
Brilham os olhos, visões claras nos ventos

Desperta o coração, sublimes encantos
Palco da vida, cortinas abertas, euforia
Voltas nostálgicas que o mundo dá
Viver nesse afã, aqui, agora, lá

Onde anda meu canto?
Hoje, em momentos revividos
Passado, presente, canto infinito.

ENDLESS SINGING

It revives my longing soul, times gone by
Mesmerized heart, golden singing
Tears fall in pearl necklaces
Frenzy, naive hugs remembered

Ancient love serenade resounds
Starlight of vivid feelings
Magic, laughter and sobs, sweet memories
Eyes sparkle, clear visions in the winds

It awakens the heart, sublime allure
Stage of life, curtains open, euphoria
Nostalgic rounds that the world goes
Living in this eagerness, here, now, there

Where has my singing been?
Today, in moments relived
Past, present, endless singing.

LUTO

Verlaine Pretto

Não me faça sofrer
falta adorada
o que mais tenho a oferecer
oh saudade imaculada
aqui resido na dor

Onde teus olhos forçosamente
fecharam-se para sempre
e ninguém, nem através do amor
convencer-me-á saia daí!
não daqui não saio
vivo em ti dor da saudade

Convença-me luz eterna do contrário
passe-me alegria se teu mister é
não consegues resposta pronta
como esquecer como abandonar
porque a estes olhos
eternamente ei de amar

GRIEF

Do not make me suffer
beloved longing
what else do I have to offer
oh immaculate longing
here I reside in pain

Where your eyes forcefully
closed forever
and no one not even through love
will convince me to get out of here!
no I will not because I live in you
pain of longing

Convince me eternal light otherwise
give me joy if your mister is
you cannot have a ready answer
how to forget how to let go
because these eyes
forever will I love

SUBSTITUIÇÃO

Verlaine Pretto

A batalha certa
mantém alerta
de novo a brisa
soprando a alma
corpo sussurra
prazer e calma

Afagar no escuro
em cima do muro
querendo sentir
com medo a fugir
a presença muda estuda
melhor maneira de agradar

Pensamentos perplexos
cheios de acentos circunflexos
você você você

Madrugada coxixo
vontade saciada
saudade velada

alguém

REPLACEMENT

The right battle
keeps alert
again the breeze
blowing the soul
body whispers
pleasure and calm

Caressing in the dark
on top of the wall
wanting to feel
afraid scaping
the silent presence studies
best way to please

Perplexed thoughts
full of exclamation marks
you! you! you!

Dawn... murmurs...
satiated will...
veiled longing...

Someone

SAUDADE

Verlaine Pretto

aquela que ontem era eu
a criança que fui
eu na faculdade
aquele cinema que fechou
a peça de teatro dois anos atrás
minha mãe que partiu esse ano
o pedido de casamento antigo
trepar com aquele amigo
aquele porre homérico nos Jardins
nadar no clube da Paulista
o dia da medalha na natação
o fusqueta da Georgeana
o amigo que foi morar em Barcelona
aquela viagem à Índia
Campos do Jordão Floripa
a tia e os primos os sobrinhos
Rio Grande do Sul
o grupo de teatro dos anos 90

a saudade sempre ostenta
um pedacinho de mim

enquanto flutuo pelo tempo...

LONGING

the one who was me yesterday
the child I was
me in college
that movie theater that closed
the play two years ago
my mother who left this year
the antique marriage proposal
making love with that friend
that homeric drunk in the Jardins
swim at Paulista club
medal day in swimming
Georgeana's vw beetle
the friend who went to live in Barcelona
that trip to India
Campos do Jordão Floripa
aunt and cousins nephews
Rio Grande do Sul
the 90's theater group

longing always flaunts
a little piece of me

as I float through time ...

INSTANT KARMA

Verlaine Pretto

O amor incendeia os corpos
os olhares entrecruzam-se curiosos
as ondas físicas do desejo
não obedecem a razão

por um motivo ou outro
fujo

Em casa volto a pensar no instante
onde queima a paixão
onde o negar foi abolido
onde o mundo foi esquecido

Mergulho então
numa estranha profundidade
de querer muito nem sei quem
e o que fazer com essa saudade

INSTANT KARMA

Love sets the bodies on fire
the eyes intercross curiosly
physical waves of desire
do not obey reason

For a motif or another
I run away

At home I think back to the moment
where passion burns
where denying was abolished
where the world was forgotten

So I dive into a strange depth
of wanting so much
I don't even know who
and what to do with this missing

LÁGRIMA E RISO

Victor Terra

Tem gente que sente saudade de coisa boa, outros até do que foi ruim.
Tem louco que até regride quando já está chegando ao fim.

Há uns que choram a vida inteira,
Pois a dor já é rotineira.

Outros se embebedam de nostalgia
Em fotos, músicas e cartas cheias de poesia.

Tem até aqueles que depois da amorosa decepção,
Assumem a culpa e pedem perdão.

Existem os que ficam com o coração carente,
E, para alguns, a fila anda, seguem em frente.

Pode ser um evento bom tal qual a saudade daquela noite de amor,
Do vinho, da meia-luz e do gemido arrebatador...

Pode ser também a dor, que é latente, aquela que vem de um luto jamais superado.
Às vezes é por um "eu te amo" não falado.

Lugar de visitação é a infância, aurora da vida,
Doces recordações ou fantasmagórica ferida?

Sei que não é bom generalizar,
Mas todos sentem saudade de algo, não dá pra evitar.

A lágrima que se funde com o riso e toca a nossa mente
Chama-se saudade, só viveu quem a sente.

TEARS AND LAUGHTER

There are people who miss good things, others, even what was bad.
There are crazy people who even regress when it is coming to an end.

There are some who cry their whole lives,
Because pain is already routine.

Others get drunk with nostalgia
In photos, songs and letters full of poetry.

There are even those who, after loving disappointment,
They take the blame and ask for forgiveness.

There are those who are left with a needy heart,
And for some, the ship has sailed, they move on.

It can be a good event just like the nostalgia of that night of love,
Of wine, of half-light and of the rapturous moan...

It can also be the pain, which is latent, the one that comes from a grief that has never been overcome.
Sometimes it is for an unspoken "I love you".

The place of visitation is childhood, the dawn of life,
Sweet memories or ghostly wound?

I know it is not good to generalize,
But everyone misses something, you can not help it.

The tear that merges with laughter and touches our mind
Is called nostalgia, only those who feel it have lived.

ÁLBUM DE FOTOS

Viviane Lucas

Encontrei a saudade escondida
Num álbum de fotografias.
Entre muita gente querida,
Amores, lugares, alegrias.
Estavam todos lá reunidos,
Registros de outros tempos.
Fechei os olhos e senti
Saudade daqueles momentos.
Gente que partiu dessa vida,
Mas ainda mora em mim.
Uma estrada percorrida,
Histórias que não têm fim.
Viagens, sorrisos, um Natal,
Tudo o que é bom recordar.
Infância, amigos, quintal,
Lembranças que vou levar.
Guardei então, novamente,
O álbum e muita saudade
Daquilo que dura pra sempre
E mora na eternidade.

PHOTO ALBUM

I found the hidden nostalgia
In a photo album.
Among many dear people,
Lovers, places, joys,
They were all together,
Records from other times.
I closed my eyes and I
Missed those moments.
People who left this life,
But who still live in me.
A road traveled,
Stories that have no end.
Travel, smiles, a Christmas,
All that is good to remember.
Childhood, friends, backyard,
Memories that I will take.
I saved it again
The album and the nostalgia
Of what lasts forever
And lives in eternity.

CANÇÃO PARA CAJARI

Wal Maia

Tão distante de sua terra
Um poeta escreveu um dia
Sua saudosa canção
Assim escrevo este poema lembrando do meu torrão
Qual mesmo é esta canção?
É de um ilustre irmão
Ele canta a sua terra
Ele canta o Maranhão
Moço, trazemos cravado no peito
A mesma canção
"Canção do Exílio
Minha terra tem palmeiras
Onde canta o sabiá"
Oh! Terra que tem palmeiras
Babaçuais e araribais
"Onde canta o sabiá"
Canta também o bem-te-vi, o curió e o vim-vim
Tem também gente bonita
Sentada à beira do cais

SONG FOR CAJARI

So far from his land,
A poet once wrote
His longing song
So, I wrote this poem remembering my town
What is this song?
It is from an illustrious brother
He sings his land
He sings Maranhão
Sir, we have it in our chests
The same song.
"Exile song
My land has palm trees
Where the sabiá sings"
Oh! land that has palm trees
Babassu and araribá trees*
"Where the sabiá sings"
*They also sing the great kiskadee, the curió** and the vim-vim****
There are also beautiful people
Sitting by the pier.

---

*Araribá is a Brazilian tree, native to the Atlantic Forest, in the semideciduous seasonal forest, on the stony slopes; **Curió is a South American passerine bird of the family Traupidae: ***Vim-vim is a Brazilian bird, and, in this case, from the state of Maranhão.

SAUDADE DO MEU BEM

Wanda Rop

Em cada canto resta uma saudade
Contemplo as folhas secas deste inverno
Observo as luzes brilhantes da cidade grande
Ouço o sussurrar do vento frio e
Um arrepio percorre meu corpo

Oh saudade que rasga meu peito
Oh dor de ter saído do meu sertão
Meu amor mora no Norte, tem gingado e tem sorte
Eu aqui sem poder seus abraços sentir
Sem o canto dos pássaros poder ouvir

Sem saborear a delícia que é o brilho do pôr do sol
É como sentir a dor da morte
Oh saudade traiçoeira
Me destrói por inteira
Por que deixei o meu lar se para o sertão sonho em voltar?

Saudade do calor noturno, dos vaga-lumes iluminando a beleza do nosso amor
Eu sorria como flor diante de ti, meu amor
Ah saudade se eu pudesse, tudo faria diferente
Regressaria para o Norte
Só para ter meu amor novamente!

MISSING MY LOVE

In every corner, there remains a feeling of missing
I contemplate the dry leaves of this winter
I watch the bright lights of the big city
I hear the whisper of the cold wind and
A shiver runs through my body

Oh, this longing rips my chest
Oh, the pain of having left my wilderness
My love lives in the North, has a swing and is lucky
I here without being able to feel your hugs
Without the birdsong being able to hear

Without savoring the delight that is the glow of the sunset
It is like feeling the pain of death
Oh, tricky feeling
It completely destroys me
Why did I leave my home if I dream of returning to the backcountry?

I miss the night warmth, the fireflies illuminating the beauty of our love
I smiled like a flower before you, my love
Oh, how I miss it, if I could, I would do things differently
I would return to the North
Just to have my love again!

A MELODIA DA SAUDADE

Zenilda Ribeiro

Outrora, quando em mim era manhã,
E o dia apenas começava,
Se faziam presentes os primeiros raios
do sol da existência.
Gostava de ouvir os pássaros,
de perder a hora nos banhos de açude,
de acompanhar o curso do riacho
por entre os galhos de árvores
e sentir minha audição aguçada,
por uma melodia vibrante e saudosa,
o canto do sábio sabiá.
Agora, como pássaro preso numa gaiola,
neste apartamento minúsculo
ouço esse canto saudoso.
Ele soa e ressoa dentro do meu peito,
fazendo jorrar córregos, riachos e rios
da saudade dos que se foram
e não mais voltam.

THE MELODY OF NOSTALGIA

Once, when it was morning for me,
And the day had just begun,
The first rays of the sun
Of existence were present.
I liked listening to birds,
Wasting time in the dam baths,
Following the stream course
Through the tree branches
And feeling my hearing sharp,
By a vibrant and nostalgic melody,
The song of the wise sabiá.
Now, like a bird in a cage,
In this tiny apartment,
I hear this nostalgic song.
It sounds and resonates inside my chest,
Making streams, creeks and rivers flow
From the nostalgia for those who have gone
And never come back.

OH, LIBERDADE...

Zodja Rego Barros

Oh, liberdade, onde estás?
Aqui, acolá, por onde andas?
No campo, posso te encontrar, talvez a brisa para alegrar
ou mesmo o ar que posso respirar
porque aqui estou na gaiola a sonhar...
Sinto saudade de voar, sinto saudade de me libertar, sinto
saudade do mundo que não posso encontrar.
Mesmo assim pretendo voar.
E quem sabe um dia me encontrar
na imensidão do meu sonhar.

OH, FREEDOM...

Oh, freedom, where is it?
Here, there, where is it?
In the countryside
I can find it, maybe the breeze to cheer me up
or the same air that I can breathe
because here I am in the cage dreaming...
I miss flying, I miss being free, I miss the world I can't find.
Even so, I intend to fly.
And who knows one day find me
in the immensity of my dream.

Não permita Deus que eu morra,
Sem que eu volte para lá;
Sem que disfrute os primores
Que não encontro por cá;
Sem qu'inda aviste as palmeiras,
Onde canta o Sabiá.

Trecho do poema Canção do Exílio

- Gonçalves Dias

Don't allow me, God, to die
without getting back to where
I belong, without enjoying
the delights found only there,
without seeing all those palm-trees,
hearing sabiá fill the air.

Excerpt from the poem Song of Exile

- Gonçalves Dias